O Laço da Morte

МЕРТВАЯ ПЕТЛЯ

РОМАНЪ.

1907 г.

W. I. Kryjanovskaya
(Rochester)

O Laço da Morte

Romance

1907

"Eu cantarei, cumprindo este meu dever – assegurou o galo –, mas, se o sol raiar ou não, de mim não vai mais depender."
(Provérbio georgiano)

"O Laço da Morte"

J. W. Rochester

médium

Wera Krijanowskaia

3.000 Exemplares

Lúmen Editorial Ltda.
Rua Espírita, 34
São Paulo 01527-040 SP – Fone/Fax: (011)270-1353

Capa – **6B Estúdio**
Tradução – **Dimitry Suhogusoff**
Editoração Eletrônica – **Ricardo Baddouh**
Revisão – **Maria Carolina C. Silveira**
Fotolito da Capa – **Postscript**
Fotolitos – **Fototraço Ltda.**
Impressão – **Gráfica Palas Athena**

fale com a Lúmen
e-mail **lumened@uol.com.br**

LÚMEN
EDITORIAL

Capítulo I

Na avenida Bolshoi, em Petersburgo, erigia-se um velho sobrado de alvenaria, todo cercado por um jardim.

A julgar pelo aspecto abandonado, havia muito tempo ele não sofria qualquer reforma: o reboque solto, aqui e acolá, desnudava as paredes e os tijolos; as cariátides a decorarem o portão de entrada, sustentando uma efígie de coroa principesca e desgastada pelo vento, estavam enegrecidas e seus narizes e dedos quebrados.

Era um dia frio e nevoento de outubro. O portão estava escancarado; atrás deste, via-se um enorme pátio pavimentado e a entrada da casa, com dois lampiões sobre colunas pétreas.

No fundo do pátio, ao lado da entrada de serviço, alguns criados conversavam animadamente. Ali estavam o zelador, trajando blusa listrada de lã, com uma vassoura na mão, o mordomo, de libré muito surrada, o cavalariço e o cozinheiro, este envergando um gorro na cabeça e um avental de limpeza duvidosa. Todos se acercaram de um jovem criado finório, que falava em tom muito alto.

— Repito-lhes: é a mais pura verdade. Corto minha cabeça se amanhã, o mais tardar, isso não for anunciado. Querem valer uma garrafa de champanhe? – desafiou ele, rindo desaforado.

— Você deve estar louco, Piotr! Já pensou o que está dizendo?! Como pode o príncipe Pronsky, um fidalgo, alto dignitário, pai de cinco filhos, casar com uma judia? Que vergonha – imagine! Que desonra para a família! Não, não dá para imaginar! Você deve estar confundindo as coisas – ajuntou um velho criado.

Seu rosto sério e enrugado enrubesceu de indignação.

— Oh, Procófy Emelianovitch! O senhor, que viveu mais de trinta anos nesta casa e viu tempos melhores, não consegue aceitar o fato de que o senhorio está falido. Escute o que lhe digo: o casamento está por acontecer. E o que há de surpreendente nisso pela situação vigente? Dívidas por toda parte; casa penhorada; a última propriedade vendida; promissórias e execuções todo dia. Estão devendo a todos os armazéns e lojas. Se fosse comigo, casaria até com a bisavó do capeta.

— Nem diga! – interveio o cozinheiro, agitando uma concha. – Devem para o açougue mais de trezentos rublos; de uma hora para outra vão lhes fechar o crédito; na leiteria e banca de verduras também não pagam há muito tempo. E que cardápio eu posso oferecer? Argg! Não é um repasto digno da casa de um príncipe. Se nada mudar, dia vinte vou pedir a conta. Tenho vergonha de fazer as compras. Meu próprio salário está atrasado um mês.

— E eu? – resmungou, suspirando, o porteiro. – Estão me devendo dois meses. A minha libré está um lixo; olhem só o remendo que minha esposa teve de fazer! Nem quiseram mandar ao alfaiate. Se não fossem os meus filhos, e um cômodo com a cozinha, já teria ido embora.

— Simplesmente dá vontade de sumir desta casa. O trabalho não pára. Já são cinco horas e eu ainda não comi uma côdea de pão. Não existem mais gorjetas; que homens quantiosos viriam para cá? – agastou-se Piotr.

— E quem é essa judia? É alguma feirante? – interessou-se Procófy, que ouvia calado e cabisbaixo a conversa. – Lá, entre os que vendem quinquilharias antigas, há gente muito bem de vida, como Movcha Maidel, de quem compro paletós, entre outras coisas; ele tem muito dinheiro e também, se não me engano, uma filha.

— Essa é boa! Cada uma que vocês inventam! – e o jovem criado soltou uma risada. – Não, a nossa futura princesa é de outro naipe; seu genitor é milionário – o banqueiro Aronstein, e ela é sua única filha. Um dos irmãos possui uma enorme usina de açúcar em Kiev; um outro Aronstein é um riquíssimo negociante de madeira em Vilnius. Eu o conheço, ele está agora na cidade. Seu camareiro é meu primo e foi ele que me contou essas novidades.

— Como é que o príncipe pode se casar com uma judia, já que as nossas leis proíbem casamentos com as não-cristãs – não se rendia Procófy, agarrando-se à idéia feito um náufrago à tábua de salvação.

Em resposta, Piotr só assobiou, desdenhoso.

— Bem, isso não impede o casamento. Ela pode se batizar e pronto! Aliás, devo dizer, ilustre Procófy Emelianovitch, que essa tirania religiosa está acabando. Ainda anteontem ouvi o senador Alymov falando para o senhorio que, em Piter(1), esta questão já está definida e logo será anunciada a liberdade da profissão de fé; cada um poderá se casar com quem quiser e até escolher sua religião. Tenho certeza – caso contrário, não me chamo Piotr Belkovsky – de que muitos russos adotarão o catolicismo.

---

(1) Forma carinhosa de chamar a cidade de Petersburgo. N. T.

— É verdade! – sustentou o cozinheiro – um polonês tão roxo e fanático como Piotr. – A nossa fé é fé de *pan* (2), a de vocês – é de *kham* (3); própria para gado domesticado, para indigentes.

Ambos os poloneses estavam exultantes em mexer com o inimigo irreconciliável – Procófy, que com não menos obstinação sempre defendia sua identidade ortodoxa. Este, em resposta ao insulto, cuspiu na cara do cozinheiro e dirigiu-se para dentro da casa.

— Ah, seu pestilento! – urrou o cozinheiro, lançando-se em sua perseguição com a concha. – Você me pagará por isso!

A altercação teria se transformado numa briga, da qual, é óbvio, faria parte o cavalariço com os arreios na mão, se, neste ínterim, uma carruagem não aportasse junto à entrada da casa.

Os criados se dispersaram celeremente.

— O papai está em casa? – inquiriu o jovem pajem da corte, que viera de carruagem.

— Não está, não! Sua Alteza saiu às dez horas – respondeu Piotr, ajudando-o a descer.

O recém-chegado era um jovem de cerca de dezenove anos, alto e bem talhado, cabelos loiros densos e olhos castanhos escuros. Parecia muito nervoso e preocupado com algo.

Após pagar o cocheiro, entrou no espaçoso saguão com colunata e começou a galgar a ampla escada, sem tapetes, decorada com dois vasos de mármore branco, destinados para flores ou plantas e no momento vazios. No primeiro patamar da escada havia um enorme espelho em moldura luxuosa, mas enegrecida pelo tempo e, ao lado, uma estátua de mulher, em bronze, sustentando uma lâmpada.

---

(2) Senhor feudal na antiga Polônia, Lituânia e Ucrânia. N. T.

(3) Kham, de russo, bruto, grosseiro. N. T.

O pajem subiu ao segundo piso e, através de um longo corredor, adentrou um quarto espaçoso, meio vazio e abandonado, com duas janelas venezianas saindo para o jardim. Os móveis eram dourados e cobertos por velhos e desbotados estofos; a escrivaninha e um pequeno guarda-roupa em estilo Luiz XVI, guarnecidos em bronze e medalhões, eram o cúmulo do requinte; o teto ostentava molduras e pinturas. Pela porta de madeira vermelha, entrevia-se o dormitório com uma cama grande, drapejada com estofo azul sobre um forro de seda laranja; as paredes retratavam cupidos e grinaldas. Mas tudo aquilo parecia murcho, desbotado, gasto, e remetia a um passado de luxo e riqueza esgotada, encobrindo agora, com os seus fragmentos lustrosos, a miséria medrante por todos os cantos. O lusco-fusco esbranquiçado da escura tarde de outubro acentuava aquela impressão lúgubre e angustiante que não conseguia ser dispersa nem com as chamas que abrasavam a lareira.

O jovem desvencilhou-se da espada, tirou o capacete e o uniforme e, aparentando cansaço, afundou-se na poltrona. Estava tão absorto em pensamentos, que nem sequer notou a chegada do velho criado depositando uma bandeja com chá, pão, manteiga e queijo sobre a mesinha.

— Não quer tomar um copo de chá bem quentinho? O tempo está frio.

O pajem estremeceu e retesou-se.

— Ah, é você, Procófy? Obrigado, velho amigo, mas não quero. Diga-me: o que está havendo aqui... quero dizer, com o meu pai? – acresceu ele, tentando se dominar.

O velho criado ficou acabrunhado.

— Dizem tanta coisa...! – respondeu ele, hesitante, a meia voz. – Não creio, todavia, que Sua Alteza tenha esquecido de que ele é...

O velho calou-se ao ver o jovem príncipe cobrir o rosto com as mãos e suspirar profundamente.

Sobreveio o silêncio. Subitamente, a porta do corredor abriu-se e no umbral assomou uma jovem moça, de uns dezoito anos; por sua semelhança com o pajem, poderia se inferir que ela era irmã.

Era esbelta e magra, tez maravilhosa e grandes olhos negros de gazela; os cabelos castanho-dourados, divididos em duas tranças, caíam abaixo dos joelhos.

A julgar pelo aspecto, ela também estava muito nervosa; as faces ardiam e os olhos brilhavam.

— Arseny, se você soubesse o que me disseram hoje no conservatório! Uma colega da minha classe, Aisenberg – uma judia, é óbvio –, disse-me que o papai está por se casar com uma prima dela. Eu desmenti dizendo que nenhuma judia seria princesa Pronskaya, mas Kitti Bakhtina afirmou que na alta-roda todos falavam desse casamento. Não consegui ficar até o fim da aula e voltei para casa; estou tremendo até agora... Que vergonha...!

As lágrimas a sufocavam e, deixando-se cair na poltrona, pôs-se a chorar convulsivamente.

— Nina, Nina, acalme-se! – pôs-se a consolá-la o irmão, de joelhos e abraçando a irmã.

— Não chore, querida! Isso é mentira; são simples intrigas.

A irmã deitou a cabeça no ombro do irmão e cerrou os olhos; de súbito, ela endireitou-se e disse por entre as lágrimas:

— Sabe? Que tal falarmos com a avó?

— Sim, vamos lá e contaremos para ela!

Neste ínterim, ouviu-se o ranger de rodas junto da entrada do prédio e os jovens entreolharam-se estremecidos.

— É o papai! Vamos rápido para não cruzar com ele – apressou a princesa.

Eles puseram-se a correr pelo corredor; saíram para a escada através da porta lateral e de lá, por um corredor, deram no vestuário, onde uma mulher de preto arrumava no armário diversas caixinhas e vidrinhos com remédios.

— *Fräulein* Amália, a vovó está dormindo? – perguntou Arseny.

— Não, a princesa já se levantou – respondeu cordialmente a dama de companhia, que vivia na casa há mais de vinte anos e conhecia bem os jovens desde a tenra idade.

O dormitório, anexo ao vestuário, estava vazio e iluminado apenas por lâmpadas a arderem diante de um nicho com ícones, mas, pela porta semi-aberta, penetrava a luz do outro quarto. De súbito, Arseny segurou a irmã pelo braço e encostou o dedo nos lábios; no quarto ao lado, ouvia-se a voz sonora do pai:

— Não a estou incomodando, *maman*?

— Nem um pouco, meu querido. Tenha a bondade! Eu ainda não o vi hoje.

Os jovens aproximaram-se sorrateira e silenciosamente da porta e encafurnados nas pregas do reposteiro abaixado pregaram os olhares no interior do quarto, onde a avó deles, Evdóquia Petrovna Pronskaya, assentava-se na poltrona junto da mesa.

O rosto magro e pálido da velha princesa preservara sinais de rara beleza. Seus grandes olhos azuis brilhavam jovens e inteligentes. Os cabelos prateados eram encimados por um lenço rendado; um largo roupão de seda delineava seu talhe ainda esbelto; as mãos que remexiam um cesto de novelos de seda e lã eram bonitas e brancas como as de uma mulher jovem.

O príncipe era um homem que beirava os cinqüenta anos, contudo parecia bem mais jovem. De estatura alta, magro e esbelto, ele se parecia com a mãe; tinha, como ela, olhos azuis e o mesmo semblante frio e sobranceiro. Os cabelos negros, levemente prateados nas têmporas e barba, conferiam-lhe uma aparência juvenil, o que contrariava a expressão cansada de seu rosto. Respirava inteiro nobreza altiva e conata.

Após oscular a mão da genitora, ele se acomodou perto da mesa e, com os dedos levemente trêmulos, afastou o abajur, de modo que o seu semblante perturbado ficasse à sombra.

— Bem, meu querido? Você queria falar comigo? – indagou a princesa, lançando um olhar alarmado e curioso para o rosto inquieto do filho, que torcia o bigode nervosamente.

O príncipe levantou-se, enfiando as mãos nos bolsos, deu uma volta pelo quarto e parou diante da mãe.

— Querida *maman*, tenho algo importante a lhe contar – disse em tom firme.

— Oh, meu Deus! – assustou-se a princesa. – Você está de novo em dificuldades financeiras? Ou lhe recusaram o posto prometido de governador e precisamos vender a casa?

— Nada disso. Ao contrário, não terei mais futuramente quaisquer preocupações materiais e poderei dar aos filhos uma educação brilhante, mantendo Arseny na corporação; quanto à governança, está mais garantida que nunca. Resumindo: recebi hoje 250 mil rublos e daqui a três semanas terei a mesma quantia. O sacrifício será enorme, é verdade, e muito duro para o amor-próprio de todos nós, mas... – ele fez uma pausa – eu tive de fazer isso para salvar a família, ou terei de varrer ruas para ganhar o pão de cada dia.

— Que negócio é este, afinal, que lhe rendeu tanto dinheiro, considerado como um enorme sacrifício?

— Casamento – fez o príncipe, curto e ríspido.

O rosto da princesa ruborizou e em seguida espargiu-se de palor intenso.

— Ah, entendo: deve ser uma mercadora moscovita, adepta do ritual antigo? Sim, reconheço: não é fácil!

O príncipe suspirou pesado.

— Não, *maman*! Aquela que eu pedi em casamento é a filha do banqueiro Moisséi Aronstein – Sara. Aliás, ela tem a permissão do pai para se batizar e adotará o luteranismo.

A princesa ergueu-se num átimo; o cesto com as prendas caiu no chão. Seu rosto empalidecera; os lábios tremiam tanto que ela não conseguia falar.

Assustado, o príncipe amparou-a e quis fazê-la sentar-se.

— *Maman*, acalme-se!

A princesa afastou-o bruscamente.

— Uma judia? Você, príncipe Pronsky, vai esposar uma judia?.. Não acredito! – gritou ela e deixou-se cair impotente na poltrona, como que atingida por um raio.

— Seja razoável, *maman*! Você está obcecada por preconceitos ultrapassados que hoje não têm qualquer sentido de existirem.

— Não têm sentido? E a princesa soltou uma risada seca; seu rosto afogueou-se novamente. – É você que é cego, já que não compreende com que lágrimas de sangue irá pagar as conseqüências da infâmia a que se propõe... Sim, é infame ligar-se ao povo asqueroso, inimigo do cristianismo, que suga o sangue cristão – prosseguiu ela, sufocando-se. – Com isso você não só irá insultar a memória de sua esposa falecida, mas maculará a alma de seus filhos, fará de seu lar um foco de toda a espécie de crimes e indecências, porque esse povo a todos odioso, sem pátria, sem princípios morais, habite onde habitar, abala a fé, a integridade e o bem-estar do país que o abriga. Você bem sabe que eles cerraram fileiras contra a nossa desditosa Rússia, e justamente você escolhe esta hora para vender-se a eles! Pois assim que essa maldita mulher cruzar o umbral da porta, todo o bando de sua família grudará em você e não o largará de suas garras, enquanto seu nome, antigo e nobre, não for espezinhado, sua honra não for ultrajada e o coração e a alma de seus filhos não forem emporcalhados. Recupere a razão, Jorge! Devolva-lhes o dinheiro de Judas com o qual eles querem comprar seu título de príncipe, tornando-o escravo. É melhor sermos pobres; venderemos tudo que temos, contanto que não haja esta transação vergonhosa. Ninguém se queixará da vida. Arseny tomará outro rumo. Nina começará a trabalhar...

Nisso, Arseny e Nina, que acompanhavam a conversa, entraram correndo no quarto e prostraram-se de joelhos diante do pai.

— Papai, papai, não faça isso; não queremos essa madrasta – diziam eles entre as lágrimas.

O príncipe empalideceu e recuou. Sua voz ficou rouca de perturbação; ele afastou bruscamente as mãos dos filhos.

— Vocês dois são tolos e foram educados com preconceitos idiotas. Os judeus são gente como todos; a minha noiva é uma moça evoluída e bem educada. Por fim, se eu dei a minha palavra, significa que está tudo resolvido irreversivelmente e vocês aceitarão sua *belle-mère* (4) com o devido respeito que ela, aliás, merece. Isso é tudo...

Quase correndo, o príncipe saiu do quarto, batendo a porta.

A velha princesa saltou de seu lugar, estendeu as mãos como que tentando deter o filho e, dando alguns passos, cambaleou e tombou inânime no chão.

— Vovó, vovó, não morra! Você é nosso único apoio – gritou Nina, atirando-se assustada a Evdóquia Petrovna, que Arseny tentava levantar.

Do vestíbulo veio correndo *fräulein* Amália, atraída pelo barulho, e ajudou a transportar a velha princesa para a cama.

---

(4) Madrasta. N. A.

Capítulo II

O segundo andar do enorme casario na rua Sergueevskaya estava profusamente iluminado; por entre as cortinas bordadas de grandes janelas espelhadas, viam-se os lustres ardendo em miríades de luzes e o movimento da multidão engalanada; o porteiro mal dava conta de abrir a porta às visitas que chegavam de carruagem ou a pé.

A casa pertencia ao banqueiro milionário Moisséi Solomonovitch Aronstein, que festejava com a roda de amigos íntimos o noivado de sua única filha com o príncipe Pronsky. Ele ansiava bazofiar o seu triunfo diante da numerosa parentalha, expectante havia muito tempo pelo noivado de Sara com o *gói* (5) titulado, finalmente preso na rede.

Os Aronstein eram originários de Vilnius, vindos da ralé judia. Seu avô era um pequeno tipógrafo; o pai, inicialmente, mantinha em uma estação fronteiriça uma banca de câmbio; depois, por meio de expedientes só conhecidos pelos judeus

(5) Do hebraico: todos os que não pertencem à comunidade judaica; não-judeu, profano. N. T.

ele enriqueceu. Ao morrer, deixou ao seu filho, Moisséi, uma casa bancária em Petersburgo e um bom patrimônio a seus outros filhos e filhas, que então o multiplicaram.

Naquele dia a família, com poucas exceções, estava toda reunida.

No gabinete do anfitrião, juntaram-se só os homens: dois irmãos, um de Kiev, outro de Vilnius; três genros: Mandelstein – de Varsóvia, Katselbaum – de Berditchev, e Bernstein – de Odessa; o irmão de *mademoiselle* Aronstein, nascido Einstein, e mais três jovens, um dos quais era advogado, e outros dois – estudantes universitários. Além dos parentes, havia um rabino e alguns amigos.

A reunião era bem típica. Apesar dos trajes refinados e do luxo ostentado pela mobília, a vulgaridade daqueles senhores narigudos, gesticulando com as mãos, era notável; a gíria característica, utilizada naquele círculo, soava clamorosa, uma vez que todos falavam ao mesmo tempo, cada um tentando abafar a voz do outro. Por fim, nem a fumaça dos cigarros, nem o perfume, conseguiam sufocar aquele olor específico que um judeu, como um negro, recende em sua volta; assim, no gabinete, o ar era pesado e desagradável.

A conversa era ruidosa e animada, pois discutia-se política e a situação presente; os planos futuros apaixonavam os interlocutores.

Estava levantado o problema cruciante da igualdade dos direitos dos judeus, e das formas pelas quais aquele objetivo premente poderia ser alcançado – o que originou calorosas discussões. O orador mais apaixonado do grupo era o advogado Aaron Katselbaum. Sem admitir qualquer concessão, ele dizia que o seu povo só iria ocupar a posição que lhe cabia por direito devido à sua energia, vitalidade, desempenho no trabalho, anseios culturais e liberais, no dia em que os ministros fossem judeus e assumissem as rédeas do governo, e o exército e a frota fossem comandados por generais israelitas ao lado dos cristãos, ou seja, quando todo o aparelho estatal estivesse nas mãos do sionismo.

— De fato, é a esse objetivo que devemos almejar e alcançaremos sem dúvida, porque os *góis* nos franqueiam o caminho, já que são corruptíveis, vis e constantemente desunidos. Contudo, este empreendimento grandioso deve ser gradual e cuidadosamente preparado. Para destruir um prédio, é necessário abalar-lhe os alicerces e a estrutura – observou o velho Bernstein, prosseguindo com um sorriso de satisfação:

— Sem qualquer exagero, agora já se pode dizer que a parte mais difícil deste trabalho de preparação está concluída. O empobrecimento e a decadência da nobreza é patente; a perda da identidade nacionalista sustentada pelo "liberalismo" e a indiferença religiosa caminham a passos largos, arrebatando as classes altas, as escolas e as massas trabalhadoras, ou seja: as bases da futura revolução. Finalmente, o pior, o mais injusto e revoltante preconceito contra nós, que cresceu ao longo dos séculos de humilhação, logo deixará de existir.

— Deixará de existir? Não, isso é pouco! Essa segregação terá de ser volvida contra eles; nós é que devemos rejeitar os nossos perseguidores, fazê-los sentirem na pele a nossa aversão, o nosso ódio, e provar que a raça inferior é a deles! – gritou um dos universitários, sacudindo os punhos.

— Tss, tss! – fez Bernstein e soltou uma gargalhada. – Essa juventude! Não consegue ser paciente. Será que você não entende, meu filho, que antes de alcançar o que se planeja é preciso desarmar os *góis*, debilitar, senão apagar sua desconfiança em nós; ou seja: fazer com que eles se achem iguais a nós? Por este ângulo, os casamentos mistos são excelentes recursos e já prestaram serviços valiosos. Muitas filhas de Israel se casaram com homens nobres, até com altos funcionários do Império, e agora escancaram ativamente o caminho para os irmãos.

Por outro lado, as mulheres cristãs, até de famílias nobres, perderam aquela aversão que tinham por judeus. Os nossos artistas têm o raro talento de inflamar-lhes a paixão; princesas e condessas aparentam-se de bom grado conosco. Esses *góis* idiotas tentam subtrair os nossos correligionários e alegram-se, infantilmente, quando conseguem converter um dos *nossos* para o cristianismo; eles nem percebem, entretanto, que também somos uma espécie de missionários e, diga-se de passagem, bem mais sucedidos. Não está longe a época em que toda a assim chamada "*intelligenzia*" dos *góis* não mais aceitará Cristo, assim como nós não O aceitamos. Devemos continuar a trabalhar nesse sentido, tanto na imprensa como na literatura: a desagregação da moral, da família, e o ateísmo acabarão por arruinar seus costumes – o que já está próximo.

— É verdade! – interveio Mendelstein – o corretor de valores. – Só quando ocorrer uma explosão política inesperada, ficará claro quantos russos de nascimento, desprovidos de qualquer integridade moral, consciência nacionalista, patriotismo e até de inteligência, começarão a pregar a anarquia e a destruição das tradições de seu povo. Seus miolos atrofiados não serão capazes de compreender que com *isso* eles contribuem para a extinção de sua pátria; mesmo hoje, eles estão prontos a oferecer-nos um grande território, para que possamos erguer a nova Jerusalém. Sua burocracia podre não interporá obstáculos contra nós; os "donos do poder" – hi-hi – esses já são nossos lacaios. Quando precisarmos, nós os compraremos; senão, simplesmente daremos ordens de cumprir tudo direitinho, se não quiserem provar uma bala ou bomba por desobediência.

— Tudo isso é bom, mas vocês se esqueceram de um empecilho terrível, ainda não submetido à prova – observou um velho engenheiro, sacudindo a cabeça. – É o mujique (6),

(6) Camponês russo. N. T.

que não tem nada a perder, além da vida, e nos odeia; ele pode nos esmagar feito pulgas, mal forem soltas as rédeas da disciplina.

O advogado desfechou uma sonora gargalhada.

— Há-há-há! Você está enganado, tio Mardokhei! Nós, guerreiros de primeira linha pela liberdade, já temos um plano há longo tempo arquitetado, de como vencer o mujique. Você diz que não lhe sobrou nada além da vida; mas, de qualquer forma, ela não é tão ruim assim: ele dá valor à vida; ele conta, ainda que pouquinho, com o apoio da comunidade. O que precisamos é fazê-lo insurgir-se contra os senhores feudais, excitar a sua crueldade e levar essa massa desprezível a perpetrar incêndios, assassinatos e latrocínios. E então, quando os casarios forem queimados, as máquinas quebradas, o gado morto, quando, finalmente, todos os víveres forem saqueados, as florestas desmatadas, os donos das terras ficarem só com a terra nua e sem um tostão de dinheiro para reconstruir o que foi destruído, o que farão esses indigentes? Eles venderão suas terras escalvadas por nada e sumirão. E nós, aqueles que têm o ouro, arremataremos suas propriedades, faremos benfeitorias e governaremos os mujiques aparvalhados, que ensinarão o governo, já em nossas mãos, a ter juízo. Esteja certo, tio, esses indolentes se aplicarão no trabalho para nos enriquecerem e ficarão felizes com uma côdea de pão, ao competirem com um outro exército da ralé. Serão os operários das fábricas e indústrias fechadas por incapacidade de suportar a crise econômica, desencadeada por nós. Então, esses miseráveis desnutridos se dispersarão pelas aldeias, sob nosso controle, para festejar a "liberdade" que nós conquistaremos para eles, livrando-os do jugo do czar...

Uma explosão de homéricas gargalhadas saudou o discurso do advogado. Neste instante, a conversa foi interrompida com a chegada de novos convidados.

Eram cristãos, ou seja, *góis*, em cuja presença era recomendável ficar alerta e não consagrá-los nos planos.

No *boudoir* da anfitriã da casa, Rosa Aronstein, um quarto amplo guarnecido de móveis estofados por cetim laranja e veludo, as "damas" tomavam chá. Muito enfeitadas, engalanadas em bordados e cobertas de brilhantes, isso não as fazia, aliás, mais decorosas, apesar de seus ares de importância, esnobismo e ostentação.

Apenas uma velhota, miúda e enrugada, sentada ao lado da anfitriã, destacava-se do grupo pela aparência, com trajes simples e fora de moda. O seu vestido de brocado, urdido com grandes buquês de flores, a mantilha franjada e gola bordada, tinha, pelo menos, uns cinqüenta anos; por detrás da touca preta, percebia-se uma peruca, amarrada com cordões de seda. De qualquer modo, o brocado, o velho broche de brilhantes do tamanho de uma ervilha, que prendia a mantilha de veludo, e os brincos redondos terminados em pérolas com forma de pêras, de preço incalculável, eram bonitos. A velha Feiga Aronstein, mãe do banqueiro, era uma espécie de matriarca. Era respeitada e cercada por cuidados, feito um patrimônio colossal; entretanto, suas opiniões estreitas e ultrapassadas constrangiam e indignavam todos.

Convidadas pela anfitriã, as "damas" passaram ao quarto contíguo, que tomou a aparência de uma banca de feira. Estava ali exposto todo o enxoval de Sara, previamente preparado. O exame detalhado da roupa luxuosa, dos vestidos, dos penhoares, das capas, etc..., da porcelana, da prataria e dos brilhantes dispostos nas mesas, ocupou longamente a atenção de todos.

Quando as mulheres voltaram ao *boudoir*, Feiga observou com ar de aprovação:

— Há coisa boa, se bem que também muita porcaria. Diga-me, Reisa, quanto lhe saiu esse casamento esdrúxulo? Não deve ter sido pouco, eu acho...

— E não foi, é verdade! Para esse príncipe depenado, o preço saiu alto; mas sabe, mamãe, nada poupamos para nossa criança. Queremos que ela seja uma dama de destaque, como merece! Ah, o príncipe está tão apaixonado por ela! Eis como Moicha combinou com ele: quinhentos mil em dinheiro; desses, ele já recebeu duzentos e cinqüenta mil hoje de manhã, e o restante – no dia do casamento. Fora isso, nós pagamos todas as suas dívidas, resgatamos do penhor a casa da Avenida dos Ingleses, uma propriedade familiar na província de Kharkov e os brilhantes de sua falecida esposa – esses foram os seus termos. Tudo vai nos sair em cerca de um milhão e meio. Oh, muito caro! Mas o que há de se fazer? O rabino nos disse que não devemos barganhar, já que o príncipe pode nos ser muito útil, quando for governador. Reconheço que não estou gostando muito disso.

— Oh, sua querida filha Sara terá uma posição brilhante; com a sua beleza, educação e patrimônio, ela cumprirá condignamente as obrigações de sua elevada posição – observou uma das "damas".

Um sorriso deleitável desabrochou no rosto obeso de *madame* Aronstein.

— Claro, claro! Nós nada poupamos para educar a nossa filha; eu já pressentia que ela faria uma bela carreira. Faremos todo o possível para que ela seja popular enquanto governadora. Ela irá patronear as instituições beneficentes, distribuir caridades para os camponeses pobres; enfim, reunir nos seus bailes, serões e almoços, toda a nobreza da província; tudo deve ser muito refinado, principalmente a mesa; vocês sabem como os russos gostam de comer! E se eles ficarem muito arrogantes ou começarem a bancar anti-semitas, o nosso ilustre genro baixará suas cristas. Moicha ficará vigiando se ele cumpre bem as nossas ordens; ainda há pouco tempo atrás, ele começou a inventar umas histórias, querendo deixar os filhos com a avó, mas nós ficamos contra e exigimos que seus filhos permaneçam sob a vigilância da madrasta, principalmente a filha mais velha, Nina, que está com dezoito anos. Ela deverá ajudar Sara nas recepções. Oh, fazemos questão que ela seja respeitada na nova família! – concluiu a anfitriã, abanando com o leque o rosto afogueado.

Feiga ouviu o discurso longo da nora e, balançando a cabeça, disse em tom significativo:

— Se Moicha tivesse me consultado antes de firmar esta tola transação, eu lhe diria que todos esses casamentos com os *góis* são puro engodo. Apesar de ficarem com nosso ouro, eles continuam a nos odiar; Jeová dá as costas às mulheres que repudiam a fé sagrada dos ancestrais por causa de um título.

— Mas, mamãe, é só para salvar as aparências que Sara vai se tornar uma cristã – exclamou *madame* Aronstein, corando feito tomate.

— Para salvar as aparências ou não – tanto faz – ela continua repudiando. O nosso desafortunado povo deve evitar os *góis* e não se misturar com eles. Mesmo que as nossas filhas sejam belas feito anjos, inteligentes, honestas, ricas, podem até prover de riquezas aqueles pés-rapados desposados; ainda assim, o que as espera são só ofensas. E para quê? A mão pesada de Jeová pune os anátemas. Já vi suficiente essas uniões infelizes. Você deve se lembrar, Reisa, da pequena Rebeca, filha do fabricante Golsman da cidade de Jitomir. Ela casou-se com o conde Vadlevsky e o dote dela previa o pagamento das dívidas daquele pé-de-chinelo polonês. E como a tratam? O conde nunca lhe beijou a mão, caçoa dela na frente dos filhos e a chama de "minha carteira recheada"; a criadagem dele se refere a ela como a "mariposa judia". Não há necessidade de óculos para ver a diferença como ela trata o conde e a família. O conde jamais convidou os parentes da esposa para um baile ou almoço, ainda que um dos irmãos de Rebeca seja banqueiro, outro, um advogado; sua irmã, casada com um engenheiro, e seus dois tios sejam médicos. Certa vez, ela não agüentou e exigiu que fossem convidados seus parentes; o conde então lhe respondeu rispidamente: "Eu me casei com você e não com o seu *kâhâl* (7), que quer se instalar na minha casa. Já basta que eu a apresente aos meus amigos e conhecidos. Se quiser convidá-los para um baile ou almoço, faça isso quando eu estiver fora". Eu sei quanto desgosto trouxeram essas ofensas à pobre Rebeca; o mesmo destino, eu sinto, aguarda por Sara.

— Jamais, jamais! – indignou-se *madame* Aronstein, afrontada. – Primeiro, não há nenhuma comparação entre Sara e a estúpida Rebeca; esta é uma judiazinha desmazelada e provinciana, e o seu conde polonês não passa de um canalha. Minha filha nasceu para ser uma dama e o príncipe é um verdadeiro fidalgo, que jamais chegará ao ponto de humilhar a mulher de quem gosta. Ainda que tivesse saído caro, não me arrependo nem um pouco, só para ter o príncipe Pronsky por genro. Esse nome soa tão bonito!

— Você tem razão, Rosa! – observou a senhora Katselbaum. – A diferença entre o seu príncipe e aquele conde é a mesma que há entre uma renda de primeira e uma imitação barata. Acalme-se, mamãe! Você vive no passado. Vinte anos já se passaram desde o casamento de Rebeca e, desde então, a nossa situação na sociedade mudou drasticamente.

— Veremos! – desafiou, com desprezo, Feiga. – Receio que os meus temores se confirmem. Hoje, tanto como há vinte anos atrás, é melhor viver em nosso meio.

Enquanto essa conversa se dava no *boudoir*, Sara entretinha seus amigos na sala. Os jovens acabaram de tomar chá e, dividindo-se em grupos, regalavam-se de confeitos e frutas, conversando e rindo.

---

(7) Do hebraico antigo; comunidade judaica na Polônia; figurativo – ajuntamento ruidoso de judeus. N. T.

A noiva era uma moça bonita de vinte e três anos, tipo oriental, alta, bem talhada, lábios purpúreos vivos, cabelos negros feito alcatrão e olhos ardentes; o nariz era levemente aquilino e a tez de brancura acetinada. O vestido rendado, com forro branco de seda, delineava suas formas esbeltas; as mangas curtas desnudavam os belos braços e o sutiã, bem cavado, prendia seu busto vasto. Um colar de pérolas com pingente de diamante decorava seu colo; à cintura, acolchetava-se um buquê de rosas. Ela era uma maravilhosa representante de sua raça; faltava-lhe apenas a sedução da pura e virginal beleza; seu olhar, que por vezes fulgia por detrás das sobrancelhas negras e densas, era cruel, cheio de malícia e prepotência.

A toda hora ela olhava para a porta da entrada. Não era difícil perceber o seu nervosismo, que se lia no abrir e fechar impaciente do leque de madrepérola. Deixava-a possessa o atraso do noivo.

O palrear frívolo dos convidados aparentemente entediou Sara e, aproveitando uma oportunidade, ela foi para uma saleta guarnecida de móveis dourados e de plantas e flores em profusão. Lá, sob as palmas, estavam sentadas duas pessoas, cuja presença naquela casa dificilmente era de se esperar. Eram dois padres cristãos ortodoxos.

Um deles, pela aparência semítica, pouco se diferenciava dos presentes e, com toda a certeza, originava-se da mesma raça.

O outro era um sacerdote formado recentemente: janota e livre-pensador, que concebia no sacerdócio luterano um ideal, sonhando em substituir o hábito clerical por um paletó com cartola.

Com a entrada da jovem anfitriã, ambos se levantaram respeitosamente.

— Que bom que a senhora veio, Sara Moisséevna, estávamos falando justamente de seu desejo em aceitar o cristianismo! – disse sorrindo um dos padres.

— Por quê? Não estão aprovando a minha decisão, padre Slépen? – perguntou Sara, sorrindo significativamente.

— É claro que aprovamos. Mas é que o padre Grigory acha que a senhora deveria abraçar a fé ortodoxa e não a luterana.

— Não entendo essa sua concepção de religião e patriotismo, padre Grigory! Quem diria?! E eu que o achava uma pessoa "liberal", inimiga de preconceitos e, sobretudo, de qualquer intolerância religiosa – observou Sara em tom de desdém e mofa.

O sacerdote protestou.

— Não, não! O que me orienta, neste caso, não é a fé professada; eu me atenho por demais às ciências exatas e ao positivismo filosófico para permitir-me preconceitos religiosos, e abomino as crenças populares que continuam explorando com contos de fadas o inferno, o paraíso, a vida após a morte e todo esse tipo de absurdos. Eu não acredito em nada, nem em Deus, que prego; o dia em que acabarem com o culto idiota de crenças ultrapassadas será o dia mais feliz da minha vida...

— E que me diz das riquezas incalculáveis recolhidas pela igrejas e monastérios, que devem ser devolvidas ao povo, para melhorar a sua situação – interrompeu Slépen, em tom de satisfação.

— Bem, isso se subentende! Mas, voltando ao assunto... Eu a aconselho, Sara Moisséevna, a adotar a fé ortodoxa só para não ficar diferente dos demais membros da família do príncipe, que professam essa fé rigorosamente. Isso lhe será muito útil, pois o casamento suscitará, provavelmente, muitas controvérsias com a família de seu futuro marido, principalmente com a velha princesa, eivada de opiniões ultrapassadas e ridículas. Oh, esse nosso povo! Como ele é ainda atrasado, mesmo em suas camadas altas e intelectuais! Quanto trabalho ainda falta para conquistar a liberdade religiosa; só ela vai nos permitir aprender as leis básicas e verdadeiramente humanitárias – igualdade total e irmandade.

Inspirado, num ímpeto, em ultraliberalismo, o padre Grigory não notou o sorriso sarcástico que se delineou no rosto de seu co-irmão.

— Aceito com prazer o seu conselho – disse Sara. – Na verdade, para mim é indiferente em que igreja eu representarei a comédia, através da qual me será conferida a honra de ser a princesa Pronskaya, o que, no entanto, não me impedirá de ser fiel a Deus e à fé dos meus ancestrais. Só quero que não se esqueçam, senhores, de que eu não tenho muito tempo para perder em preparações para a nova crença e, assim, não me onerem muito com seus ensinamentos.

— Há-há-há! – riu o padre Grigory. – Não tema, o padre Slépen é um pastor inteligente e não vai onerá-la. Em dois tempos ele fará tudo; é mais fácil a senhora tornar-se uma ortodoxa do que comer um sanduíche.

Neste minuto, ouviu-se uma movimentação na sala; uma das amigas de Sara apareceu no umbral da porta e anunciou:

— O príncipe!

Sara apressou-se a recepcionar o noivo, mas o seu pai já se antecipara e, na medida em que permitia sua obesidade, caminhou, todo sorridente, ao encontro de seu querido genro.

O príncipe estava pálido, com aspecto cansado, e desculpou-se pelo atraso, alegando uma terrível enxaqueca que o vitimara desde a manhã.

Sara estava furiosa pelo comportamento frio e reservado do noivo, que mal lhe dispensou algumas palavras.

Em seguida, ele foi arrastado pelo anfitrião ao seu gabinete, onde, com orgulho olímpico, apresentou os seus parentes, não se embaraçando com a indiferença com que o príncipe tratou as pessoas apresentadas. Após o término desse cerimonial, toda a companhia se reuniu na sala e a conversa passou a ser mais genérica e arquiliberal, girando sobretudo em torno de algumas medidas governamentais que eram alvo de críticas violentas: vilipêndios e invectivas mentirosas eram despejados nos ministros, e até na família do czar.

O príncipe, sentado ao lado de Sara, não participava da conversa e sentia-se bastante deslocado naquele meio hostil, ensurdecido pelo barulho cada vez maior.

À medida que eram abordadas as questões mais candentes, as vozes se tornavam mais ríspidas e clamorosas, os movimentos mais bruscos; os senhores provincianos, esquecendo, no calor da discussão, qualquer dignidade aparente, simplesmente berravam; a língua russa, desfigurada, era misturada com gíria judia e esse alarido oprimia os nervos abalados do príncipe. Ele já fizera algumas visitas à casa dos Aronstein, mas antes havia pouca gente ou comparecia uma companhia cuidadosamente selecionada, intercalada por cristãos – o que lhe deixou uma impressão normal. Naquele dia, porém, pela primeira vez ele se viu deslocado, em meio às altercações tolas de gente mal-educada. As opiniões políticas ali expostas eram-lhe tão asquerosas como o linguajar deformado, a peruca de Feiga e as adulações de mau gosto com que os Aronstein o tratavam a cada momento oportuno ou não: "Meu querido futuro genro". Tudo isso, mais a irritação gerada pela cena entre ele, sua mãe e filhos, deixou-o tão enervado que, aproveitando o minuto em que Sara começou a conversar com uma das damas, escapou para a sala de estar, então quase vazia.

Mas ali ele topou com o padre Grigory; este aproveitou a ocasião para render-lhe felicitações comoventes, que não tivera a "satisfação" de expressar até então.

— Pelo amor de Deus, poupe-me de suas felicitações, estou cheio delas – disse o príncipe, em tom visivelmente contrariado.

O padre lançou-lhe um olhar rancoroso e finório.

— Perdoe-me, eu não sabia que o senhor esperava condolências e não felicitações – retrucou mordaz.

Sem se dignar dar uma resposta, o príncipe deu as costas e dirigiu-se para falar com a anfitriã da casa. Queixando-se de dor de cabeça, que se tornara insuportável, ele se despediu e foi embora no exato momento em que anunciaram que o jantar estava servido.

— Para um noivo apaixonado, o príncipe está muito frio e apressado para ir embora. Talvez a nossa companhia não lhe seja do agrado. Fu! Não lhes disse que a transação não era boa? – chacoteou Feiga.

— Ele que empine o nariz! Seus bolsos estão cheios do nosso dinheiro e nós podemos baixar aquela crista – explodiu Rosa Aronstein.

Capítulo III

Durante a ausência do príncipe, em sua casa ocorreu um triste acontecimento.

Evdóquia Petrovna padecia do coração. Ela sofreu muito na vida e – some-se a isso – o seu único filho deu-lhe muitos desgostos. A princesa teria sacrificado todo o seu patrimônio, desistiria de todos os seus gostos e costumes, mas o último golpe que ele aplicou em seu orgulho e suas convicções a atingiu mortalmente.

Após se recuperar de um longo e pesado entorpecimento, ela se sentiu tão mal, que mandou chamar o padre. Assustado, Arseny foi procurar o pai, mas soube de Procófy que, dez minutos depois de voltar zangado do quarto da velha princesa, este saíra não se sabia para onde. Obedecendo às determinações do jovem príncipe, os criados foram chamar o médico e o padre, mas a morte antecipou-se e, quando uma hora depois os dois vieram, tudo estava acabado. O príncipe ainda não voltara.

Engolindo as lágrimas, Arseny expediu as ordens necessárias e, perto das onze horas da noite, o corpo de Evdóquia Petrovna foi transportado para o salão e posto no catafalco.

Abatidos pela dor, as crianças se enfurnaram como passarinhos assustados no quarto da babá – uma velha bondosa, antiga ama-de-leite de sua mãe que educou todos eles, fiel de corpo e alma a toda a família e, sobretudo, gozando de especial confiança por parte da princesa falecida.

No bem arrumado e aconchegante quarto, com ícones no canto, desenhos em molduras e trabalhos das crianças pendurados nas paredes, assentava-se a babá, Vassilissa Antipovna, segurando nos joelhos as duas crianças menores: Nádia e Andrei – a primeira com cinco e o segundo com oito anos. Ao seu lado, em cima de um tamborete, repousando a cabeça no ombro da babá, acomodou-se o pequeno Nika, pajem do corpo de cadetes que viera passar os feriados em casa; no sofá, calados, estavam sentados juntinhos Arseny e Nina. O rosto magro e enrugado da velha espelhava uma profunda dor; não obstante, ela tentava com suas palavras simples e sinceras tranqüilizar o seu universo particular e, quando o choro convulso das crianças deu lugar às lágrimas silenciosas, ela disse:

— E agora, crianças, vamos orar pela alma da avó. O Senhor deu-lhe uma provação difícil ao chamá-la para Si sem a extrema-unção sagrada. Mas, em Sua misericórdia infinita, Ele levará em conta a exemplar vida cristã da princesa. Oremos para que sua alma encontre a paz eterna na morada dos justos!

Todos se ajoelharam e as orações ardentes acalmaram-nos um pouco.

Em seguida, Vassilissa trocou a roupa das crianças pequenas e as pôs para dormir. Arseny e Nina não queriam dormir e foram ao quarto de brinquedos, onde, a meia voz, começaram a falar da desgraça que se precipitara e das incertezas da vida futura com a madrasta, que lhes inspirava aversão, e em cujas mãos acabariam após a morte da avó.

O príncipe deixou a casa dos Aronstein com a cabeça pesada e em estado de excitação. Naquele momento, era-lhe odioso tanto o passado, como o futuro ou o presente. Só um desejo o dominava então: distrair-se, esquecer por algum tempo sua difícil situação. Ele ansiava por recuperar a tranqüilidade em vista das cenas iminentes que seriam inevitáveis no dia seguinte, uma vez que quebrar a resistência da mãe, desta vez, não seria uma tarefa fácil.

Ordenou ao cocheiro levá-lo à casa de seu amigo, conde Arfberg; com aquele pândego inveterado era certo encontrar algo para se distrair.

À entrada da casa onde vivia o conde, aguardava um landau e o dono preparava-se para sair em companhia de uma belíssima artista francesa.

— Que idéia feliz, caro príncipe! – recebeu-o festivo o conde. Temos uma excelente festinha na minha datcha em Kamennoostrovskaya. Alguns amigos com suas damas já estão lá esperando. Não vamos largá-lo e, no caminho, lhe arrumaremos uma bela companhia. Você tem alguém em vista, Suzan? – dirigiu-se ele à sua acompanhante.

— Proponho Juliette. Ela já deve ter voltado do teatro e ficará feliz em passar o tempo com um homem tão agradável.

Já passavam das cinco horas da madrugada, quando o príncipe desceu da carruagem em frente de casa.

Estava com um humor excelente. A beberagem fora gloriosa, ruidosa e animada; o vinho, em companhia de Juliette, dispersou os pensamentos enfadonhos e todos os receios. O príncipe recuperou o ânimo e estava com espírito aguerrido.

Sua mãe, condescendente e boa, sem dúvida cederia; o quanto ela já não acedera e tivera de se conformar, enquanto que, naquele caso, a questão simplesmente se tratava de um preconceito ultrapassado!

Cantarolando uma cançoneta que ouvira no jantar, o príncipe cruzou o pátio, abriu com sua chave a porta de entrada e começou a galgar a escada. No saguão, ligou a luz e, tirando o paletó, dirigiu-se ao seu gabinete, onde por ele aguardava o fiel Procófy; mas, ao passar pelo refeitório e por uma saleta diante do gabinete, ele estacou imóvel.

Através da porta semi-aberta, via-se luz na sala e até os seus ouvidos chegou uma voz feminina, que recitava algo em meia voz cadenciada. Um suor frio cobriu sua testa. O que aquilo poderia significar? Desembriagado imediatamente, Gueorgui Nikititch correu em direção à porta, escancarou-a e ficou petrificado diante do que via.

A sala estava mergulhada em penumbra; no meio, iluminado por lâmpada tremeluzente diante do ícone, estava o catafalco; ao lado, perto do facistol, empunhando uma vela, uma monja lia salmos. O príncipe aproximou-se do corpo e descobriu o véu. Um grito de terror e desespero congelou-se em sua garganta; um enorme e pesado bloco de pedra como que desabou sobre ele, sufocando-o.

Apesar de suas fraquezas, tendências dissipadoras e paixões, o príncipe tinha adoração pela mãe e a consciência de que ela fora a primeira vítima de sua transação vergonhosa fê-lo tremer. Esse catafalco não era uma ilusão diabólica, mas uma terrível realidade. Enquanto ele se banqueteava e "se distraía" dos desgostos que ele mesmo causara, sua mãe morria ali e ele era o seu assassino...

Agarrando a cabeça com as mãos, deu alguns passos e, em seguida, desfaleceu, soltando um gemido surdo.

Assustada, a monja gritou por ajuda. Ao ouvirem os gritos, chegaram correndo Procófy e Piotr e carregaram o príncipe ao seu quarto.

Quando, no dia seguinte, Gueorgui Nikititch apareceu na primeira missa de réquiem, seus densos cabelos negros como que chamuscaram de cor cinza. As crianças assustadas, olhos vermelhos de tanto chorarem, espremiam-se à velha Vassilissa. Elas tinham medo do pai, que nunca viram tão bravo e soturno. Arseny e Nina também se mantinham longe, perto de *fräulein* Amália e nada disseram ao pai; mas era um outro sentimento que lhes cerrava os lábios: por culpa do pai, por causa de seu asqueroso casamento morrera sua avó... O que lhes aconteceria sem ela?

No dia do enterro, juntaram-se muitos parentes e conhecidos. Aguardando pelos padres, as pessoas agruparam-se uma parte na sala de estar, onde estava Nina, e a conversa corria em sussurros contidos. Abalada pela dor, vestida em trajes de luto, Nina recepcionava calada e reverenciava os que entravam.

Uma jovem dama, esposa de um marinheiro e parenta dos Pronsky, levou-a para um lado e, expressando as condolências, perguntou:

— Diga, querida, é verdade que Gueorgui Nikititch vai se casar com *mademoiselle* Aronstein?

Lágrimas copiosas verteram-se dos olhos de Nina.

— A senhora já sabe, Clodin?

— Sim, sei. Isso matou a tia...

Nina calou-se, tentando sufocar as lágrimas e recompor-se; Clodin a abraçou e começou a confortá-la.

— Fique calma, querida! É claro que uma morte inesperada é uma desgraça terrível; eu compreendo que para uma mulher da velha geração, com suas prevenções, foi um golpe violento, mas, de qualquer forma, ela não deveria levar isso tão a sério. Pelo menos você, Nina, seja razoável e não considere a escolha do príncipe uma catástrofe familiar. Hoje em dia todos os antigos preconceitos se tornaram ridículos; uma judia rica e bem-educada é uma mulher como outras. Eu acho natural e sensato que o príncipe se case com um partido tão vantajoso, principalmente nestes tempos difíceis. Meu primo Bibi, que freqüenta a casa dos Aronstein, disse-me que *mademoiselle* Sara é belíssima e teve uma educação brilhante. Assim, ao invés de ficar desesperada, aceitem-na como uma irmã mais velha, introduzam-na em seu círculo e tentem lhe dar o polimento social que lhe falta. Ademais, *mademoiselle* Sara irá se batizar, o que apaga o último rastro de sua origem, que tanto os indigna. Significa que nada lhes impede de tratá-la amistosamente, à maneira cristã, e amá-la.

Nina, visivelmente contrariada, olhou para ela.

— A senhora não sabe o que está falando e é injusta com a minha avó. Ela não tinha preconceitos ridículos e era boa com todos; mas a vergonha que desabou sobre a nossa família ela não conseguiu suportar, prevendo toda a desgraça que nos aguarda. Na sua opinião, eu devo aceitar como uma irmã aquela imprestável que invade insolentemente a nossa família? Nunca! Este casamento nojento cavará um precipício entre mim e meu pai.

— Tudo isso é bobagem – ironizou Clodin. – A civilização nivela todas as raças. Eu sei, por exemplo, que as aristocratas germânicas se casam com japoneses, os chineses casam-se com as inglesas ou americanas. Por que um russo não pode desposar uma judia?

Neste instante, aproximou-se o marido de Clodin e, tendo ouvido a sua última frase, apoiou a esposa:

— É claro, Nina Gueorguievna, não se preocupe com uma questão tão banal nos dias de hoje! E você lhe contou, Clodin, com quem está se casando a nossa prima em comum – Lili? Talvez a princesa fique mais conformada.

— Ah, sim, Nina ainda não sabe. Lili apaixonou-se perdidamente por um cantor de ópera, Itselzon, que dava aula de canto ao seu irmão Tólia, e que, freqüentemente, interpretava com ela os duetos. Na semana passada eles ficaram noivos, a despeito do descontentamento e da resistência de toda a família de seu tutor von Fux. Mas Lili anunciou que fugiria de casa, ela se enforcaria ou se jogaria no rio, se a impedissem; e como ela tem um patrimônio independente, deixado por sua tia, vai ser difícil demovê-la disso.

— Pode acreditar que seu noivo sabe do patrimônio. Eis a razão de seu amor! – observou com desdém a princesa.

— Isso eu já não sei, mas Lili está entusiasmada com o casamento de seu pai, que pode vir a quebrar a resistência de seus familiares. Pare de se desesperar, Nina! Sara Aronstein, de qualquer modo, é filha de um banqueiro, e os pais de Itselzon parece que são antiquários de Moguilev. Mas isso não impedirá que Lili venha a ser feliz e receba em casa a nossa sociedade afetada, pois, neste nosso século, o que manda é o dinheiro. Aliás, eis o que estou pensando! Sua casa, provavelmente, será freqüentada por muitos ricaços; talvez a minha irmã Sônia consiga fisgar alguém. Vou começar a trazê-la para cá. Há-há-há! – concluiu rindo Clodin, esquecendo-se de que ao seu lado, no quarto, havia uma pessoa morta.

Aturdida, Nina ouvia silente e indignada, mas não teve tempo de responder, porque nesse momento vieram os padres e começou a liturgia.

A sala estava cheia de gente, quando, de súbito, duas pessoas recém-chegadas começaram a abrir caminho através da multidão: era o velho Aronstein e Sara, toda de negro, com um buquê de rosas nas mãos.

O príncipe empalideceu e franziu o cenho. Sua insolência de aparecerem no enterro da mulher, morta pela vergonha de sua união com Sara, passava de qualquer limite e parecia-lhe uma afronta à mãe falecida. Mas a canga já estava bem assentada no cangote do príncipe e ele se sentia tal qual uma mosca presa na teia de aranha, de modo que teve de engolir esse desprazer.

Nina também sacudiu-se de indignação e nojo; a parte restante da aristocracia presente parecia, entretanto, não comungar com aqueles sentimentos hostis.

As visitas não-convidadas puseram-se a apertar as mãos amistosamente; pelo visto, aquele aparecimento não foi considerado estranho e tampouco constrangia alguém. Pelo contrário, as pessoas pareciam ter esquecido (ou faziam de conta!) dos motivos do passamento da velha princesa; a presença dos Aronstein explicava-se candidamente como manifestação da especial deferência ao novo membro da família, atingido pelo infortúnio.

O príncipe estava lugubremente concentrado e limitou-se a uma reverência fria. Quando ele se despediu do corpo e ajudou os filhos a subirem os degraus do catafalco, seu desconforto espiritual e desespero saltaram aos olhos de todos.

Sara procurava manter-se perto do noivo e, quando o corpo foi colocado na carruagem, deu um passo para a frente, convicta de que o príncipe lhe ofereceria a mão; mas Nina se antecipou a ela e pegou a mão do pai primeiro. Em seus olhos escuros fulgiu um desafio e a firmeza de defender o lugar atrás do caixão querido, que lhe pertencia por direito.

Nesse instante, o pai e a filha interceptaram-se com os olhares e uma expressão de profundo pesar refletiu-se no rosto de Gueorgui Nikititch. Ele compreendeu o protesto mudo da jovem e premeu fortemente sua mão. Ela era o seu escudo naquele minuto de dor, enquanto, em seus calcanhares, seguia-o o bando insolente que mais tarde invadiria a sua casa como uma revoada de abutres, nela instalando-se descerimoniosamente, sob o amparo do antigo nome vergonhosamente vendido.

Ao se ver afastada do lugar que lhe parecia caber por direito, os olhos negros de Sara fulgiram de ódio; entretanto, ela não traiu sua raiva e, quando depois do enterro o príncipe convidou alguns parentes e amigos íntimos para um desjejum em casa, os Aronstein nem esperaram pelo convite, indo para lá com os outros, como que por prerrogativa da família.

Após o desjejum, os convidados dispersaram-se, mas Sara ficou e fez uma ronda pelos quartos anexos ao refeitório, examinando com lornhão, com pouco caso, a mobília, os quadros, etc...

— Quantos quartos há no total? – inquiriu ela, subitamente.

— Doze embaixo e oito em cima, sem contar os de empregados – respondeu o príncipe.

— Ah, ficaremos um pouco apertados. Vai precisar de mobília nova; o que eu vejo aqui, sem dúvida, já foi bonito antes, mas agora saiu de moda... Sem falar que a casa fica longe do centro da cidade.

O príncipe enrubesceu levemente.

— Eu não pretendia, Sara Moisséevna, acomodá-la nesta casa, onde faleceu a minha mãe e onde estão reunidas todas as recordações do passado e as relíquias da minha família; no lugar em que passei os primeiros anos do meu casamento – os mais felizes da minha vida e, por fim, onde nasceram os meus filhos e onde cada quarto me é especialmente caro. Além do mais, a casa não me pertence. Já há duzentos anos ela faz parte do legado da família dos príncipes Radumsky, de cuja linhagem é minha mãe; ela, em seu testamento, deixou a casa como dote para minha filha maior – Nina. Vamos instalar-nos, por enquanto, na marginal do Almirantado, na casa que foi comprada pela minha esposa falecida para Arseny. Eu tenho para nós uma casa de vinte e oito cômodos e espero que isso seja suficiente.

A voz do príncipe soava gélida, seu olhar era severo e hostil. Sara ficou possessa, mas não ousou dizer nada. Nesse momento, aproximou-se Aronstein para se despedir, pois se apressava por causa dos negócios.

O ódio contido de Sara perdurou pelo dia inteiro e aumentava por conta de ter de encobri-lo, pois sua casa estava cheia de visitas. Somente à noite, alegando uma enxaqueca para não ir com os pais ao teatro, ela se viu, finalmente, sozinha.

Após vestir o penhoar, dispensou a camareira e deitou-se no sofá para refletir melhor sobre os acontecimentos perturbadores do dia. Não conseguia se resignar com o fato de que Nina a privou do prazer de andar de mão dada atrás do caixão daquela "velha idiota", que ousara morrer de ódio porque o seu filho, pé-rapado titulado, ia se casar com ela. Fora esse desgosto, deixava-a possessa da vida a resposta do príncipe. Ele teve a insolência de dar-lhe a entender que naquele ninho familiar, onde viveram gerações de príncipes, ela, "judiazinha", jamais iria morar. Pensava com ódio sobre a filha e o pai e arquitetava planos de vingança.

Após refletir por cerca de trinta minutos, sentou-se à sua maravilhosa escrivaninha e escreveu a seguinte carta:

"Caro Enoch!

"Seu pai, provavelmente, já lhe antecipou os projetos de converter a humilde Sara Aronstein em princesa Pronskaya. Já se faz três dias que eu fui anunciada como noiva e logo me tornarei cristã, ou seja: representarei uma comédia que me proporcionará o lindo nome de Zinaída.

"Ainda que o meu futuro marido não seja de primeira juventude – ele logo vai fazer cinqüenta anos –, eu gosto de Jorge: ele é bem apessoado, conservado, e é um grande fidalgo. Não esconderei de você, no entanto, que o meu pai teve de usar tenazes de ferro para obrigar o príncipe a me fazer a proposta. Aqueles *góis* idiotas se acham superiores a nós, ainda que não dispensem o nosso ouro. O que mais eu odeio é que o príncipe tem cinco filhos, que temem que eu me torne sua madrasta. Mas, não dou a mínima ao descontentamento deles.

"Jorge tinha ainda mãe; mas a ilustre princesa ficou tão abalada pela desonra que cobriria a sua linhagem principesca, que bateu as botas – o que foi inteligente da parte dela, pois, com a sua morte, há um inimigo a menos na família e, diga-se de passagem: um inimigo atroz. Hoje ela foi enterrada; o meu casamento, porém, foi adiado e realizar-se-á só no fim de janeiro. Ademais, esse não é o único contratempo que ela me deve. Pelo visto, a morte da mãe desencadeou no meu preclaro príncipe um ódio incubado, que hoje extravasou numa cena imperdoável. Quando eu o inquiri se nós íamos morar no velho sobrado, ele disse que ali viveram seus ancestrais pela linhagem materna, os príncipes Radumsky; que ele passou lá os anos mais felizes de sua vida com a primeira esposa e que cada quarto para ele era uma relíquia sagrada.

"Você compreende, é claro, o sentido misterioso de suas palavras: a presença de uma semita naquele ninho principesco seria um opróbrio. Esqueci de lhe dizer que esse "sacrário" é guardado como dote de Nina, sua filha mais velha. Tal circunstância inspira-me uma idéia que quero lhe expor e que vai abaixar a crista desses aristocratas prepotentes que nos cobrem de ofensas injustas. O meu plano é o seguinte: você deve se casar com Nina – uma moça muito bonita. Depois, instalado naquele ninho – aliás muito abandonado –, faça-lhe um monte de filhos – os Aronsteinzinhos. Uma idéia genial, não acha? Quanto ao seu sucesso absoluto, não tenho dúvidas. Você é bonito, possui dom para a música e canta muito bem. Quantas cristãs lhe imploraram o amor, de modo que conquistar a princesa será fácil!

"Venha para o meu casamento. Se você gostar de Nina – e repito: ela é bem bonita – poderá casar com ela; se não quiser, aproveite para se divertir com ela e virar-lhe a cabeça, e é só."

Ao terminar a carta e endereçá-la a Enoch Aronstein em Slavgorod, ela deu uma risada sarcástica.

— Espere só, princesa esnobe! Quando você perder a cabeça por meu belo Enoch e o instalar em seu sacrário de

Radumsky, será um pagamento ao seu ilustre pai pelos seus insultos e para você, pela insolência de hoje.

Alguns dias depois do enterro, o príncipe chamou o filho ao gabinete.

Soturno e cabisbaixo, Arseny entrou. O pai estava sentado meditativo à escrivaninha e, diante dele, havia um maço de dinheiro. O príncipe olhou calado para o filho e lhe apontou uma cadeira.

— Eu ainda não consegui falar com você, Arseny, sobre o acontecido. A morte de sua avó deixou-me sem a paz necessária para explicar o nosso relacionamento.

— Sim, a avó faleceu ao saber que você ia casar com uma hebréia. Eu preferia, papai, trabalhar como um operário na estrada-de-ferro e Nina, antes, arrumaria um lugar de governanta a suportar essa vergonha – disse Arseny meio hesitante e corando de nervoso.

— Ah, tudo isso é conversa fiada que não tem importância na vida. A "pobreza dignificante" e o "pão do suor do trabalho" são atraentes apenas nos romances – retomou o príncipe. – É claro, a *maman*, crescida em convicções diferentes, foi incapaz de se submeter à necessidade amarga e não quis compreender que, para a honra da família, a falência é o mesmo opróbrio que a *mésalliance* (8). Você, ainda que jovem, deve saber que sem dinheiro não dá para viver. Eu me vendi para salvá-los da pobreza e acredite: esse sacrifício não é tão fácil como lhe parece.

Arseny abraçou-se ao pai e desatou a chorar. Pálido e emocionado, o príncipe afagou-lhe a cabeça e beijou-o na fronte.

— Acalme-se, meu pobre menino – disse ele, tentando se dominar. – Você ainda não conhece as pessoas. Acredite, elas perdoarão rapidamente a admissão de uma semita na família,

---

(8) Casamento desigual. N. A.

não rejeitarão qualquer convite a baile ou almoço; nos nossos salões sempre haverá muitas visitas bajuladoras; porém, elas jamais perdoarão a nossa bancarrota e, por nossa "pobreza dignificante", irão nos considerar como párias. Você, meu primogênito, que carrega o nosso nome antigo, você se casará um dia com uma mulher que lhe seja parelha e a nossa linhagem será sem máculas; a mamãe e a vovó não serão aviltadas no túmulo. Mas não podemos nos enganar quanto ao presente. Se você me entendeu, Arseny, julgará o seu pai com mais condescendência, caso contrário, o meu sacrifício será ainda mais duro.

— O que, de fato, você quer que eu faça, papai?

— Quero que você se abstenha da hostilidade aberta e de atos provocadores em relação à mulher que irei desposar, e à sua família; quero também que você exerça sua influência para que Nina e os outros sejam também cordiais, na medida do possível, e não exponham abertamente a sua aversão.

— Está bem, papai, vou tentar.

— Agradeço-lhe como amigo e agora vamos acertar mais uma questão. Você tem dívidas... Não fique envergonhado! Eu não o censuro, pois sei que na juventude todos têm direito a paixões; eu só consegui lhe dar muito pouco. Aqui estão mil rublos; pague suas dívidas e fique com o resto. Logo você será promovido a oficial e eu lhe destinarei trezentos rublos por mês e mais três mil para comprar o que quiser.

Depois de Arseny agradecer, o príncipe acrescentou:

— Então você promete ser razoável? Não exijo de você manifestações de ternura, apenas um comedimento respeitoso tanto com ela, como com seus parentes, que não podem ser simplesmente ignorados.

— Prometo, papai, não dificultar a sua situação – disse Arseny, beijando-lhe a mão.

As crianças estavam com Vassilissa no quarto de Nina; a governanta tinha saído em visita. Arseny relatou a conversa com o pai; abordou-se também o casamento de Lili com o cantor Itselzon.

— Meu Jesus Cristo! – exclamou Vassilissa, persignando-se. – O fim do mundo deve estar próximo! Ainda dá para entender o sacrifício do príncipe; mas essa sirigaita vai se casar voluntariamente e por amor àquele hebreu imundo! Tfu! – e ela escarrou no chão. Ainda bem que a nossa querida mãezinha não está viva! Pelos menos, seus olhos não presenciarão essa semita enfurnar-se nesta casa, estabelecendo novas ordens. Não me surpreenderei se ela expulsar todos os velhos empregados.

— Ela que ouse! – gritaram em uníssono as crianças, abraçando-se à velha e beijando-a. – Você é nossa e ficará aqui até seus últimos dias.

A indignação pungente das crianças emocionou a velha e, ela, com as faces afogueadas, por sua vez abraçou forte as crianças e retribuiu-lhes os beijos.

Capítulo IV

O casamento do príncipe, desejoso de manter um luto de pelo menos três meses, foi adiado para os primeiros dias de fevereiro. Sara ficou extremamente aborrecida com o adiamento e, de um modo geral, cada dia novo na sua fase de noiva era motivo de alguma decepção. Orgulhosa, passional e até cínica, não lhe interessava apenas casar, mas ser amada, achando-se suficientemente bonita para aguçar a paixão do noivo, que não tinha reputação de um asceta. Mas, em vão, tentava encontrar nos olhos do príncipe qualquer faísca de amor e esmolava carícias ou beijos, sempre às escondidas, nos raros encontros tête-à-tête que lhes arrumava a mãe. O príncipe era invariavelmente cortês, levava à noiva flores, confeitos e quinquilharias caras, mas permanecia reservado, e Sara sentia que, sob o véu das amabilidades, espreitava-se uma indiferença gélida e ele parecia não ignorar seu coquetismo provocante.

Sara tinha também, em relação à família dele, o mesmo escasso sucesso. Arseny estava no corpo de cadetes; Nina, com exceção de visitas oficiais, permanecia invisível e os olhinhos inocentes das outras crianças não conseguiam esconder que a sua futura madrasta lhes inspirava medo e aversão. Todas as tentativas de Sara de conquistá-los com balas e brinquedos foram vãs.

Desencadeou-se a guerra russo-nipônica e os acontecimentos políticos trouxeram um esfriamento ainda maior entre os personagens atuantes. Em vista de um despertar das atividades na esfera política e social, o príncipe tornou-se uma visita rara na casa dos Aronstein, alegando estar ocupado com o trabalho e assuntos da corte.

Sara formou um círculo, onde trabalhava na assistência aos feridos, e até convidou Nina, tentando atraí-la à sua roda, mas a princesa se esquivou, anunciando que já era filiada a um círculo feminino, no qual suas amigas e conhecidas se reuniam com o mesmo propósito.

Entrementes, na casa dos Pronsky, na avenida à beira-rio, fervia uma atividade intensa em sua reforma e o príncipe dirigia pessoalmente como mobiliarem os quartos das crianças, escolhia as sedas e os cetins para o *boudoir* e dormitório de Nina; o resto dos apartamentos, ele entregou a cargo de um decorador.

— Por favor, oriente-se apenas com o gosto da minha noiva – disse ele, quando o decorador se dirigiu a ele, pedindo esclarecimentos.

Quando, antes do feriado natalino, a família do príncipe mudou-se do sobrado para a nova casa, ali tudo fulgia em luxo e os Pronsky foram recebidos por um exército de criados em librés da casa do príncipe.

Alguns dias antes da cerimônia, Gueorgui Nikititch teve uma conversa séria com os filhos maiores, aos quais pediu comparecerem no casamento; os três menores, ele mandou por duas semanas à casa dos parentes em Oranienbaum.

Finalmente chegou o dia fatídico. Às seis horas da tarde seria realizada a cerimônia, depois da qual foi marcado um jantar na casa dos Aronstein.

Nina esforçava-se para ficar firme e vestia-se valorosamente, engolindo lágrimas. Trajava um vestido lindo e elegante, de muito bom gosto, porém não se deu o trabalho de se olhar no espelho. Ao ficar pronta, foi ao *boudoir*, tirou da gaveta da escrivaninha o retrato da mãe, contemplou-o longamente e depois o beijou como que pedindo perdão à mãe morta pelo ultraje à sua memória.

Colocando de volta o retrato, Nina foi para o quarto, pegou um escrínio cinzelado e tirou um colar de pérolas, colocando-o no pescoço. Naquele escrínio eram guardados os brilhantes e as outras jóias da mãe, dados pelo pai na véspera, e ela deveria usar naquele dia, pela primeira vez, as jóias da família, para o seu próprio opróbrio.

Um suspiro pesado soltou-se-lhe do peito e ela, de repente, pensou no pai. Onde ele estaria, o que pensava de tudo? Um anseio angustiante de ver o pai apossou-se dela. Por enquanto ele ainda pertencia aos filhos, mas, dali a uma hora, entre estes e ele se assomaria aquela pessoa estranha, nojenta e impertinente.

Silenciosamente, feito uma sombra, Nina esgueirou-se pelos quartos faustosamente mobiliados e decorados com flores ao gabinete do pai. Não havia ninguém, mas quando ela puxou cuidadosamente o reposteiro e espiou na biblioteca ao lado, viu seu pai parado junto da janela.

Ele já estava vestido para o casamento e a luxuosa farda ourifulgente de *kammerherr* (9) caía maravilhosamente bem à sua figura bela e bem talhada. Sobre a mesa ao lado, jazia seu chapéu com plumagem branca e uma caixa com um buquê de flores, que mais tarde seu padrinho viria buscar. O príncipe estava pálido, seu cenho carregado, e nos cantos da boca congelara-se uma prega amarga.

---

(9) Alto título de funcionários da corte na Rússia pré-revolucionária e também em outras monarquias. N. T.

— Papai querido! – balbuciou Nina hesitante, indo em sua direção.

Gueorgui Nikititch estremeceu e virou-se. Diante dele, como uma visão do passado, perpassou a imagem da esposa morta, que ele amara ardentemente, e Nina era o seu retrato vivo. Atraiu a si a filha e a cobriu de beijos. Um sentimento de opressão angustiante dele se apoderou; instantes antes de entrar na igreja, ele sentia todo o peso da perda da liberdade, mas, até aquele momento, achava que o sacrifício seria bem mais fácil. Jamais novamente ficaria a sós com seus filhos, e sim sob a vigilância diabólica da mulher a quem não amava. E, a despeito de tudo, ela seria sua esposa, teria direitos sobre ele, exigir-lhe-ia o amor, intrometer-se-ia em todos os assuntos de sua vida; ele jamais poderia largá-la e deveria arrastá-la com ele, feito um condenado com os seus grilhões...

O ranger da carruagem junto à entrada interrompeu o príncipe de seus devaneios.

— Vá para a sala, minha criança! Arseny deve estar esperando-a – disse o príncipe, beijando a filha.

A igreja de Udelov estava repleta pelos representantes da alta sociedade. Fulgiam as fardas de funcionários graúdos da corte, brilhava em estrelas e comendas o generalato; no lado oposto, um outro tipo de sociedade se ajuntara, ainda que impecavelmente vestida, mas que, de primeiro olhar, podia relacionar-se a outro arraial.

A noiva estava linda em seu vestido rendado, envolta no véu como que por uma névoa. Em seus olhos negros, lia-se a satisfação orgulhosa e o seu olhar não parava de relancear o rosto pálido e belo, como que congelado, do noivo.

Na primeira fileira estava Nina. Pálida, esforçava-se para dominar o tremor nervoso que dela se apoderava; sua perturbação subitamente aumentou com um pressentimento de perigo e angústia, que até dificultava a sua respiração. Involuntariamente, virou a cabeça e interceptou o olhar de um homem de fraque e gravata branca, parado na ala oposta da igreja, que a fitava com olhar de admiração e paixão.

Um tremor percorreu sua espinha e na sua alma espetou uma aversão incontrolável de ódio e medo. Quem era aquele homem que ela ainda não vira antes?

Era um jovem de vinte e oito a trinta anos de idade; sem dúvida bonito, alto e esbelto; os cachos de cabelos negros, feito alcatrão, e a barba preta emolduravam o seu rosto pálido e acetinado. Os traços regulares e o nariz aquilino traíam a sua origem oriental, o olhar ígneo denotava seu caráter passional; algo nele respirava demoníaco.

"Deve ser alguém da camarilha dos Aronstein" – pensou Nina e virou-se contrariada.

Nesse ínterim, a cerimônia acabou e todos começaram a se aproximar dos recém-casados para os cumprimentos. Aproveitando a agitação, Arseny conseguiu chegar perto da irmã e eles foram ao salão contíguo, onde serviam champanhe, sorvete e confeitos. Os dois não conseguiam decidir-se a se aproximar do pai para felicitá-lo do opróbrio público e, parados perto da parede, puseram-se a examinar as pessoas presentes. Aquela multidão benevolente ria ruidosamente, palreava despreocupada, felicitava os Aronstein e aceitava de bom grado o convite para o jantar, apertando-lhes as mãos como se fossem bons amigos.

Os salões do banqueiro eram um espetáculo à parte. Aronstein, pelo visto, decidiu festejar com toda a pompa a sua conquista; Rosa, num vestido de veludo cor de morango, não se cabia de contentamento, recepcionando as visitas com servilismo indisfarçado.

Nina não se sentia bem naquele meio estranho. Sua mãe e a avó educaram-na entre os seus; enquanto aquelas pessoas, saídas não se sabe de onde, com suas maneiras desajeitadas, linguajar desleixado, chocavam e afastavam-na. Ela se alegrou e suspirou aliviada, quando viu a sua prima Lili vindo abraçá-la e dar-lhe um beijo.

A baronesa von Fux era uma moça bonita, vigorosa, alegre e rechonchudinha; naquele momento, ela não cabia em si de felicidade. Sentando-se ao lado de Nina, apertou-lhe a mão.

— Por que você está tão triste, Ninotchka? Nem ao menos me cumprimentou pelo meu noivado!

Nina fitou-a com surpresa.

— Você sabe, Lili, sou muito sincera e posso lhe dizer francamente: não vou cumprimentá-la por sua escolha.

— Só porque vou me casar com um hebreu? Meu Deus, como você é atrasada, Ninotchka! De qualquer forma, vou lhe apresentar o meu Leizer. Ele logo vai receber o batismo, mas eu vou continuar a chamá-lo como antes, para provar que a sua origem não me provoca qualquer aversão. Você vai ver o artista que ele é e como é bonito! Tenho muito orgulho em me casar com um homem tão famoso e genial.

Nina cerrou os sobrolhos e em seu rosto enérgico estampou-se uma expressão de surpresa e desdém.

— Ouvindo-a falar assim, eu me indago se você está em perfeito juízo. Será que você não imagina todo o horror de sua posição em viver com um homem mal-educado, inculto, saído de uma família de antiquários, da ralé de seu próprio povo. E, além do mais, ele é semita! Ele simplesmente me causa um asco físico. Brrr! Cada nervo meu teria estremecido só de imaginar que eu teria de beijar aquele sujeito.

— Adoro beijá-lo! Seu preconceito é ridículo, Nina, e você se esquece que aos olhos dos cristãos todos os homens são irmãos, e os judeus são como todos os outros. E um artista como Leizer é um semideus – concluiu ela, exaltada.

— Semideus? – tornou Nina, com sarcasmo. – Tenho muitos receios, cara Lili, que a sua veneração por essa "divindade judia" logo se evapore. Quando o seu grande artista tirar o fraque e as luvas brancas com que se ostenta no cenário social, e engalanar-se em casa de *lapserdak* (10) herdado, sua paixão tresloucada naufragará no horror e asco; se até lá, é claro, ele não se afundar com você na mesma imundície da qual saiu, e não lhe atrofiar a necessidade de ser uma mulher decente.

Lili ofendeu-se e respondeu indignada:

— Tenho certeza de que suas profecias não se confirmarão. Seu ódio absurdo aos israelitas torna-a desrespeitosa. Pela sua cara e a de Arseny, parece que vocês estão num enterro e não em uma festa de casamento; o que deve magoar muito sua *belle-mère* (11) com a família. E o que dizer do tio Jorge? Ele mais parece uma esfinge pétrea do que um marido feliz. Tenho certeza de que ele será ditoso com sua adorável esposa, assim como eu com o meu gênio Leizer, injustiçado por você. Repito: tenho muito orgulho em me casar com ele.

— Deus queira que eu esteja enganada! Mas numa coisa você tem completa razão: eu e Arseny estamos profundamente infelizes e, de fato, encontramo-nos no enterro da honra e tradições familiares. Pode acreditar, eu preferiria vestir um traje de luto neste dia fatídico. E o que pensam sobre o que sinto por Aronstein – para mim é totalmente indiferente.

— Tss! Zinaída Moisséevna está vindo para cá com um jovem Aronstein – interrompeu-a Lili. – Meu Deus, como ele é bonito e airoso! Quanto a ele, você não poderá fazer nenhum reparo, *c'est un parfait gentleman*! (12)

Nina não teve tempo de responder, pois, nesse instante, aproximou-se a madrasta em companhia do homem cujo olhar impertinente a havia desagradado na igreja.

— *Ma chère Ninon*! (13) – disse, sem cerimônia, a nova

(10) Longo casaco antigo de judeus poloneses e galícios. N. T.
(11) Madrasta. N. A.
(12) É um perfeito cavalheiro. N. A.
(13) Minha querida Nina. N. A.

princesa. – Permita-me apresentar-lhe o meu primo Enoch Aronstein, seu vizinho à mesa. A baronesa já o conhece.

Nina empalideceu. A irreverência com que lhe impingiam um cavalheiro indignou-a profundamente; mas ela era assaz bem-educada para deixar de ser gentil e com isso, talvez, provocar um escândalo, de modo que apenas mediu com um olhar frio e hostil a reverência do jovem. Convidada para seguir com ele ao refeitório, ela mal conseguiu, taciturna, entrelaçar os dedos em sua mão; caminhando pela sala e sentindo os olhares dos convidados, seu coração bateu célere e ela foi dominada por um sentimento de vergonha, como se estivesse diante do pelourinho.

Sentada à mesa, aborrecida, vasculhou com o olhar procurando seu irmão. Onde ele se teria metido? Como poderia permitir tal desrespeito à sua irmã? Deprimida pela humilhação, não percebia os olhares lúgubres e perscrutadores de seu cavalheiro, nem lhe ouvia as palavras dirigidas.

O jovem Aronstein também estava pálido, sombrio e mordia os lábios. Ele notou, ou adivinhou, que a princesa se sentia humilhada, tendo sido obrigada a caminhar de mãos dadas com ele e que, apesar de ser uma pessoa agradável de aparência, rico e culto, ele apenas lhe inspirava desdém e nojo. A consciência disso era ainda mais incômoda pelo fato de que Nina o impressionara enormemente: sua aparência airosa – materialização genuína da beleza virginal – infundiu-lhe na alma uma paixão violenta, tanto mais inflamada pelo desprezo francamente manifestado. Com ódio reprimido, ele ficou observando a princesa, esquecida de sua presença; em seu rosto expressivo liam-se, como que num livro aberto, os sentimentos que a inquietavam.

Sim, Nina realmente pensava em outras coisas, alheia ao seu vizinho asqueroso, procurando com os olhos seu irmão, achado, finalmente, ao lado de uma israelita engraçadinha que se desfazia em coquetismo com o belo jovem. Arseny respondia animado e alegre aos flertes da vizinha – o que deixava Nina ainda mais possessa. Será que ele se tornaria também um degenerado, sem pejo ou dignidade, ao atrelar-se voluntariamente à carruagem triunfal do sionismo, como os que se banqueteavam àquela mesa?

Bem à sua frente, estava sentada uma duquesa, que largara o marido e três filhos para se juntar com um ator, que, por sinal, depenou-a totalmente; ao lado, Lili prodigalizava amabilidades a seu noivo e, mais adiante, estava sentado um almirante, casado com uma judia empregada de uma loja de luvas, que conversava animadamente com a irmã do anfitrião da casa – *mademoiselle* Mendelstein. Pelo visto, toda aquela gente duvidosa e vil, apesar de seus veludos, brilhantes e rendas, exalando o perfume de Berditchev ou de um outro ninho de sionistas, não chocava ninguém e todos a consideravam como parelha. Ah, a avó estava certa quando dizia que a orgia pseudoliberal, intentada por aqueles a quem isso interessava, misturando as pessoas e sufocando o amor-próprio, ameaçava a sociedade com a completa desagregação.

Nina percorreu o olhar por toda a mesa e com novo sentimento de ódio olhou para a madrasta.

— Parece muito difícil para a senhora dominar os seus preconceitos raciais e aceitar a nova família – observou Enoch, cuja irritação se rompeu finalmente e abafou seu habitual sangue-frio e discrição.

Nina estremeceu e virou-se para o vizinho, medindo-o com olhar frio. Aquela observação lhe pareceu insolente.

— Não o entendi bem, senhor Aronstein. O que o senhor tem em mente, falando da união com a minha nova família e o domínio sobre os preconceitos, consagrados pelas tradições nacionais e até raciais? Meu pai se casou com a sua prima, é verdade, mas o que tem isso com o resto de sua família? O senhor, sendo um parente próximo de Zinaída Moisséevna, deve conhecer os detalhes dessa transação matrimonial, que eu só posso lastimar. Aliás, perdoe-me, estou entrando em pormenores que por delicadeza não deveria tocar, sendo uma visita nesta casa.

— Uma visita a contragosto, então?

— Sim, isso eu não posso esconder.

— Sua resposta é uma aula de como devo me comportar – disse Enoch, corando.

— Eu falei o que sentia, pois a minha intenção é que o senhor saiba o que penso, ainda que não consiga compreender por que o senhor coloca questões tão delicadas. Repito: nem eu, nem meu irmão, nem outros membros da nossa família, jamais aceitaremos como *nossos* a família da segunda esposa do meu pai; o relacionamento entre ela e os filhos do príncipe Pronsky terá sempre um caráter meramente oficial.

Quando todos se levantaram da mesa, Enoch, acompanhando a princesa à sala, disse em tom de amargura:

— Por mais que seja dura a sua resposta, ela não me surpreendeu, pois já reparei antes no seu rosto o aborrecimento e o amor-próprio ferido, causa do ato impensado da minha prima, que me escolheu para ser seu cavalheiro e vizinho à mesa. Por isso, peço desculpas e não ouso incomodá-la com a minha presença. Contudo, por mais que sejam insolentes e inoportunas as minhas palavras, estou feliz em saber de suas convicções: sempre é mais agradável enfrentar um inimigo de viseira levantada.

Um sorriso irônico escorreu no rosto de Nina.

— Não pretendo enfrentá-lo, senhor Aronstein, nem com viseira abaixada, nem levantada, pois não o considero um cavaleiro... digo-o sem medo ou censura. E também não sou inimiga sua; só que não desejo considerá-lo como membro da minha família. Mas, para o senhor compreender a razão do meu ódio pelo casamento do papai, devo esclarecer que essa notícia custou a vida da minha avó adorada; o túmulo dela separou-me definitivamente de Zinaída Moisséevna.

— Mas entenda, Nina Gueorguievna, suas palavras são injustas e seu ódio cego à nossa família, só porque nós pertencemos a outra raça, é indigno de uma cristã e pessoa culta e civilizada. Olhe só para o seu pai: pelo seu rosto congelado, como que moldado de cera, é possível perceber todo o esforço em disfarçar a fúria na alma; a senhora, ao menos, não tenta dissimular o seu aborrecimento. E, na essência, o que aconteceu? O príncipe casou-se com uma moça irreprochável, linda feito anjo, muito rica, que lhe tira das costas todas as preocupações do dia-a-dia, onde a família só tem a ganhar. Não obstante, ao invés de aceitar com carinho os novos parentes, a família do príncipe está com cara de quem está condenada à forca.

Foi o tom de Enoch, mais do que suas palavras, que desagradou Nina; suas sobrancelhas franziram e a voz soou ríspida.

— O senhor esqueceu do principal: com a assinatura da escritura de venda e compra hoje, a casa bancária Aronstein adquiriu para *mademoiselle* Sara o título de princesa, que não abrange, contudo, qualquer amor e afeição, e os filhos do príncipe não fazem parte da transação realizada. Eu e Arseny estamos aqui pelo papai e não para testificar o nosso parentesco com os Aronstein. Devo confessar que me é difícil explicar tudo isso, todavia foi o senhor mesmo que provocou esta conversa. Perdoe, meu irmão está me procurando!

Ela meneou a cabeça em sinal de despedida e dirigiu-se até Arseny que, de fato, a procurava.

Enoch acompanhou-a com olhar sombrio e incandescido. Um sentimento agudo – misto de ódio e paixão – assomou-se dele; seu amor-próprio estava violentamente ferido. Sua pessoa, aparentemente, não produzira qualquer impressão sobre Nina; ela nem sequer notara sua beleza demoníaca ou se agitara com os olhares lúbricos, que já haviam seduzido tantas mulheres.

— Espere só, menina cruel e insolente! Eu lhe devolverei todas essas ofensas – resmungou ele, crispando os dedos e misturando-se no meio da multidão dos convidados.

Capítulo V

Alguns dias depois do casamento, vimos o príncipe com a esposa realizando seu desjejum matutino.

Vestida num penhoar magnífico, cor de cereja, todo rendado, Zinaída Moisséevna tomava chocolate, partindo nervosamente um biscoito e olhando de soslaio para o marido. A indiferença serena com que o príncipe tomava o seu café e percorria os olhos pelo jornal irritava-a visivelmente. Podia-se dizer que ela estava decepcionada e ofendida com a frieza invariável e a indiferença do marido. Seus encontros tête-à-tête sempre eram marcados por fastio. Ainda que ela tivesse conseguido o príncipe como marido, este não se revelou um amante fogoso, escravo de seus encantos – como sonhara. Sem conseguir mais conter a irritação, ela empurrou bruscamente a xícara.

— Gostaria de falar-lhe quando terminasse a leitura, Jorge.

O príncipe afastou imediatamente o jornal.

— O que deseja? – perguntou gentilmente.

— Primeiro, estou muito desgostosa com Nina. Seu comportamento comigo é estranho.

— Queira se explicar melhor!

— Bem. Amanhã é meu dia de receber alguns parentes. Pedi-lhe para ajudar com as visitas, ao que ela me respondeu friamente que iria ao conservatório e ficaria lá até a hora do almoço. É claro: ela não quer se rebaixar recepcionando meus familiares.

— Não sou um árbitro dos sentimentos de minha filha e dou-lhe toda a liberdade de dispor de seu tempo; mas quanto ao conservatório, ela disse verdade: ela está fazendo um curso e *mademoiselle* Eliza a leva lá. Nina está levando a sério os estudos e não quer perder a aula com suas recepções, já que você pode fazer isso sozinha facilmente.

— Você acha? Neste caso, deixe para lá! – observou Zinaída Moisséevna, visivelmente contrariada. – Agora, pode me dizer quando é que nós começaremos a fazer a nossa visitação? Temos mais de quarenta famílias e, conseqüentemente, precisamos estabelecer as prioridades.

— Quarenta? – secundou o príncipe, olhando perplexo para a esposa e, subitamente, soltando uma sonora gargalhada, deixando-a embaraçada. – Querida Zina, proponho fazer umas doze, quinze no máximo. Se sua lista incluir todos os que estiveram no casamento, devo decepcioná-la. Não tenho a mínima intenção de torná-los íntimos. Duas ou três famílias de seus parentes mais próximos eu ainda estou disposto a aceitar, mas não toda a "arca de Noé" que vi na casa do seu pai! Tenho uma filha adulta e quero a minha casa freqüentada por pessoas de minha posição. Aliás, já que tocamos no assunto, vamos esclarecer uma coisa, vez por todas!

Casei-me com você a despeito de sua origem e isso foi um enorme sacrifício para o meu amor-próprio – que não é nenhum segredo nem para você, nem para a sua família. Você é uma princesa agora e é aceita no meu círculo; então, tente se restringir a ele na escolha de, senão amizades, pelo menos relacionamentos. Mas não impinja, por favor, nem para mim, nem para meus filhos, pessoas de passado duvidoso, com as quais não temos nada em comum.

Zinaída, que o ouvia de rosto afogueado, saltou da cadeira e começou a andar nervosamente de um canto a outro.

— Ah, então você já me atira na cara seu desprezo por mim e pelo meu povo – balbuciou ela, com voz embargada pelas lágrimas. – Oh, a minha avó Feiga tinha razão ao dizer que eu seria um pária aqui e que o seu amor é enganoso; que eu ficaria separada dos meus parentes e só os veria às escondidas, feito uma ladra.

O príncipe também se levantou e a sua voz soava severa; os olhos fitavam friamente a esposa.

— Poupe-me, por favor, dessas cenas e enxugue as lágrimas sem fundamento. Você está errada em dizer que eu a enganei: jamais lhe disse que a desposaria por amor, pois nunca a amei. Não vou enumerar aqui todas as maquinações sórdidas que perpetrou o seu digníssimo pai para arruinar-me; foi ele que se ofereceu para arrumar minha situação, contanto que me casasse com você. Ele queria de você uma princesa? – pois agora você é uma. Cumpri a parte do acordo e isso basta. Mas repito: poupe-me dessas cenas e lágrimas; não estou disposto a suportá-las. Aproveite as vantagens que lhe proporciona este casamento e seja feliz! Não a proíbo de receber seus parentes, pois não quero tolher sua liberdade; mas exigir que Nina participe de suas recepções – isso já é demais!

Ele deu as costas e saiu do quarto; Zinaída ficou muda de fúria impotente. O ódio e o desejo de vingança ainda ferviam em sua alma, quando lhe anunciaram a chegada de Enoch Aronstein. Ela ultimou a toalete e saiu ao *boudoir*, onde, aguardando pela vinda da anfitriã, estava sentado o banqueiro, folheando um álbum.

— Você parece estar aborrecida com algo, querida prima?! Terão iniciado as refregas familiares? – perguntou Enoch, após terem conversado amenidades.

— Oh, a minha lua-de-mel está sendo espinhosa – iniciou Zinaída Moisséevna, em inglês, revolvendo tão violentamente seu lenço de nariz, que arrancou a renda que lhe cingia as bordas. Só agora compreendi o quanto estava certa a avó Feiga, quando disse que o meu casamento com aquele pobretão titulado era um mau negócio.

Enoch sorriu sarcástico e respondeu também em inglês.

— Entendo. Agora você sentiu o que é ser de *sua raça*?

— Justamente. Nem a criadagem tem qualquer cerimônia com a "judia" da casa. Aquele velho cão, Procófy, nem mostra o nariz no refeitório, quando o príncipe não almoça em casa; quanto a mim – nem sequer se preocupa. O meu caro consorte fez de tudo para separar sua família do contato com a esposa. No térreo, habitamos nós; as crianças ficam no primeiro andar, onde Nina tem um apartamento completo: dormitório, *boudoir* e refeitório, bastante amplo para servir aos que desejam ver a princesa. Arseny tem dois quartos, fora a biblioteca e o salão de bilhar; depois vêm os quartos das crianças com as suas governantas, e o de Vassilissa Antipovna, sua babá; todos os criados dos jovens também ficam em cima. Resumindo: o andar de cima possui uma economia própria.

Em seguida, ela transmitiu resumidamente a sua conversa com o marido e falou da recusa de Nina em participar de suas recepções.

— Não dê muita importância a isso, prima. Esperemos que com o tempo a princesa se torne razoável e comece a tratar todos nós com o devido respeito – consolou Enoch. – Ela é encantadora e, devo dizer, gostei muito dela – acrescentou, sorrindo significativamente. – Será que poderei vê-la ainda hoje?

— Desjejuamos e almoçamos juntas. Mandarei servirem o desjejum, pois o príncipe só volta perto do almoço, e chamarei Nina com as crianças – disse ela, com um olhar não menos significativo.

Já no refeitório, Enoch pôs-se a examinar atentamente o amplo ambiente trabalhado em carvalho e mobiliado em estilo moderno. Seu olhar deteve-se num ícone emoldurado dentro de caixilho dobrável, que se encontrava no canto da parede. No centro do ícone estava representada a imagem de Nossa Senhora. Um retículo de pérolas trançadas cobria o adorno metálico do ícone; rubis e brilhantes graúdos decoravam a coroa, enquanto um colar se juntava por fecho salpicado de esmeraldas, do qual pendia uma pérola de rara beleza e tamanho. Diante do ícone tremeluzia, pendurada numa corrente antiga, uma lâmpada de prata maciça.

— A essas gemas maravilhosas eu daria uma destinação bem melhor, sobretudo a essa esmeralda ou essa pérola – observou Enoch, examinando o caixilho.

— Oh, é herança da velha princesa, sendo assim, é uma relíquia intocável – aclarou ironicamente Zinaída. – Mesmo assim, não perco as esperanças de jogar isso no sótão um dia. Só estraga o maravilhoso e moderno estilo do ambiente e melindra qualquer pessoa intelectual ou livre-pensadora.

— Espero, querida Zina, que seus desejos se concretizem. De fato, é estranho ver os cristãos ortodoxos impingirem a todos suas crenças selvagens, sem perguntarem se as pessoas gostam desses fetiches borrados. Na França, graças a Deus, deram-se conta disso e instituíram ordens para se jogar no lixo as assim chamadas relíquias, veneradas apenas por idiotas – sustentou Enoch, rindo.

Mas, ao se virarem, ele estremeceu e ficou encabulado. No limiar da porta estava parada Nina, acompanhada pelas crianças, sua governanta alemã e a dama de companhia – *mademoiselle* Robin. Aparentemente, ela ouvira as últimas frases, pois seu rosto estava vermelho e os olhos negros, habitualmente bondosos e límpidos, fulgiam de ira.

— Não estão muito precipitados em instituir suas opiniões ateístas? Não é um hábito ainda na Rússia jogar fora os ícones venerados ou transformá-los em objetos de museu. Graças a Deus, não estamos ainda num país subjugado, onde os conquistadores têm a insolência de profanar as crenças religiosas alheias. E aqueles que ficam melindrados com as relíquias valiosas para nós podem simplesmente se abster de nos visitar, para não ver o que lhes é odioso.

Sem dignar com uma reverência Zinaída ou Enoch, ela deu as costas e retirou-se, levando as crianças e governantas.

Por alguns instantes, Zinaída Moisséevna com o primo ficaram mudos de perplexidade. A invectiva ríspida, dada em russo e na presença dos criados, deixou a princesa possessa. Enoch balançou a cabeça e observou:

— Isso foi demais!

— Sim, demais! – anuiu Zinaída com voz trêmula –, mas o que podemos fazer? Precisamos nos armar de paciência. Chegará também para nós a vez da vingança. Vamos sentar à mesa, pois a jovem *Fúria* desjejuará em seu quarto.

Os meses que se seguiram correram sem graves acontecimentos. A vida na casa fruía de uma maneira um tanto precisa e os elementos heterogêneos da família iam-se acertando um com outro, se assim se pode dizer.

O príncipe levava um modo de vida ativo, ocupado com o serviço e assuntos da Cruz Vermelha, aos quais dedicava todo o seu tempo livre; quase não permanecia em casa e, nas recepções da esposa, aparecia raramente – só em casos de exceção.

Nina visitava praticamente apenas as suas velhas conhecidas, pertencentes ao círculo de sua avó falecida, e evitava, por todos os meios, os salões da madrasta. A nova princesa vingava-se à sua maneira por essa falta de consideração e escancarava as portas da casa não só para os amigos do marido, mas para toda a sua incontável parentalha, assim como para os russos que obsequiavam os israelitas. E essa mistura heterogênea se dava bastante bem, em vista da impudicícia, docilidade e venalidade dos pobres rebentos da nobreza degenerada, inconscientes do papel humilhante que representavam nos salões, onde fervilhava o sionismo, que os desprezava profundamente.

Enoch Aronstein viajou um dia após o memorável choque com Nina, mas retornou a casa por duas vezes, sendo que na última vez um pouco antes da Páscoa, atraído pela paixão incontrolável que lhe inspirava a princesa, ainda que esta se esforçasse para evitá-lo.

Na primavera, o príncipe propôs à esposa viajarem para o exterior; Zinaída, porém, declinou do convite, alegando estar farta de viagens e preferindo passar a temporada nas cercanias de Petersburgo. Em vista disso, de comum acordo decidiu-se ficar em *Tsárskoie Seló* (14), cuja proximidade à capital era muito cômoda para o príncipe, obrigado a ir diariamente à cidade, e também conveniente para Nina e Arseny. No fim de maio, toda a família se mudou para *Tsárskoie Seló*, onde o príncipe arrendou uma grande datcha com amplo jardim. A vida corria de modo habitual, ainda que o príncipe se ausentasse com maior freqüência em vista dos negócios, passando na cidade de dois a três dias, ou viajando a Moscou para cuidar dos assuntos da Cruz Vermelha.

Zinaída Moisséevna não ficava triste com as freqüentes ausências do marido. Ela perseguia paciente, com obstinação

(14) Hoje Puchkin, antigamente servia de residência de verão dos czares. N.T.

judia, um plano maléfico, urdido por sua mente engenhosa, de vingar-se da família do príncipe e, para tanto, era necessário, antes de tudo, fazer com que Nina não ficasse presa ao seu círculo de amizades; com este objetivo ela convidou Lili para passar algumas semanas na datcha.

Ao ficar noiva de Itselzon, a jovem baronesa viu-se em relações tensas com os seus familiares, que tentavam de todas as formas evitar o casamento e recebiam o seu noivo com extrema hostilidade. Teimosa, como qualquer pessoa de mente limitada, Lili não se demovia e, com muita alegria, aceitou o convite de Zinaída Moisséevna; seu noivo mudou-se temporariamente para Pavlosk, onde se apresentava nos concertos, assim podendo visitá-la amiúde, confiante da recepção festiva da princesa.

O plano de Zinaída Moisséevna teve sucesso parcial.

Nina não podia evitar a prima em visita e começou a aparecer mais vezes nos apartamentos da madrasta, participar de piqueniques, passeios, cavalgadas, e até compareceu algumas vezes aos serões musicais em Pavlosk. Ela só desaparecia nas visitas de Itselzon ou quando chegava Arseny, a quem não largava de perto.

No fim de junho, o príncipe anunciou que teria de viajar para Kharbin (15), chefiando o transporte de doações para os hospitais e o exército, devendo sua viagem perdurar por seis semanas, no mínimo.

Já de algum tempo Nina notara que nos dias em que o príncipe ficava ausente, na casa apareciam tipos suspeitos; como Zinaída Moisséevna recebia um público bastante heterogêneo, Nina não deu muita atenção ao influxo de novos visitantes no início. Entretanto, após a partida de Gueorgui Nikititch, o número de gente duvidosa crescia a cada dia. Eram estudantes descerimoniosos, cabelos encaracolados e narizes aduncos, se-

---

(15) Cidade na Mandchúria, China. N. T.

minaristas e ginasianos maltrapilhos, homens sujos e esfarrapados, cuja origem era difícil de ser estabelecida. Toda aquela ralé chegava e saía, por vezes se reunindo no salão de bilhar, e seus discursos desaforados em voz alta chocavam Nina e Arseny, mas as visitas petulantes sentiam-se cada vez mais à vontade e, simplesmente, ignoravam-nos.

Nina ficou muito indignada com as novas ordens na casa, e Lili teve de se esforçar para evitar que ela tivesse uma conversa muito séria com a madrasta, ou expulsasse todo aquele bando de selvagens fora de casa.

Certo dia, à hora do almoço, juntou-se uma companhia numerosa e variada que, sem cerimônia, comia, bebia e perorava feito numa tasca. A política era o tema principal. Criticava-se o regime monárquico e o cristianismo, atacavam-se os ministros e o czar, ridicularizavam-se os ideais de patriotismo e nacionalismo, parodiava-se aberta e despudoradamente o cosmopolitismo.

Nina, sendo afilhada do imperador Aleksandr III, cuja memória guardava sacramente, e educada em respeito à fé e ao czar, ficou profundamente indignada, mas ainda se continha; a respiração naquele ambiente festivo e fumarento era difícil. Quando, porém, um dos estudantes judeus, esquecendo onde se encontrava, desabotoou a sobrecasaca e com gestos trágicos iniciou um discurso alto sobre a opressão do "tirano", conclamando para a rebelião e eliminação, a fogo e ferro, de todos os "opressores", Nina não agüentou.

Por várias vezes, ela lançara olhares para a madrasta na esperança de que esta pusesse um fim às insolências dos correligionários impertinentes; mas Zinaída Moisséevna continuava a conversar animadamente com Lili, sem nada ouvir ou perceber.

— Por favor, *fräulein* Ritter, leve daqui Nádia e Andrei – disse Nina em voz que pudesse ser ouvida por todos; depois, levantou-se da cadeira e afastou-a ruidosamente.

— Que bicho a mordeu? Por que a senhora está saindo da mesa? – gritou a princesa, fazendo cara de surpresa.

— Porque os senhores presentes simplesmente se esquecem onde estão e comportam-se como se estivessem num cabaré – desabafou Nina, afogueada. – Numa companhia decente, normalmente se pede às damas licença para fumar e não se joga a fumaça em seu rosto, nem se despe em sua presença. Além disso, eles se permitem transformar a casa do meu pai, *kammerherr* Pronsky, num clube de revolucionários, com a petulância de emitir opiniões anárquicas...

O estudante que desabotoara a sobrecasaca interrompeu sua fala com sonora gargalhada.

— Há-há-há! Que senhorinha! Vejam só: foram feridos seus brios monárquicos! Ela quer nos ensinar como se comportar, sendo que a própria anfitriã não diz nada – revidou, sarcástico, o estudante.

— A princesa Pronskaya, nascida Aronstein, não possui tradições e, talvez, fique à vontade neste ambiente; todavia, isso não lhe dá o direito de transformar a casa do marido num abrigo de rebeldes – observou Nina, em tom severo. – Meu pai e todos nós fomos educados em sentimentos de amor e fidelidade ao czar e não permitiremos que ele seja achincalhado em nossa presença. A ausência do príncipe não lhes dá o direito de escarnecer dos princípios e das convicções do dono da casa e eu, sem dúvida, informarei ao meu pai sobre o tipo de público que aqui se alojou.

Sem olhar para a madrasta, que tremia de ódio, Nina se retirou do refeitório. Sua saída foi acompanhada de gargalhadas, ululos e até de assobios; entretanto, a concórdia geral foi quebrada; os convidados se sentiram meio sem jeito, e dispersaram-se antes da hora habitual.

— Fique tranqüila, Alteza, não vamos deixar entrar mais ninguém; eu mesmo cuidarei disso – certificou o velho criado

Procófy. – Jamais vi em casa um ajuntamento de tantos desordeiros e vadios. Devo ainda informar: dei conta de falta de algumas pratarias.

Mais tarde aboletou-se Lili, que, zangada, cobriu Nina de censuras por sua intolerância e crueldade em relação aos pobres jovens de "cabeça quente, mas coração de ouro", que foram arrebatados por entusiasmo político.

— Você os destratou só porque a maioria dos pobres rapazes era de origem judaica. Você não tem nenhum direito de cerrar as portas às visitas de sua *belle-mère* – concluiu Lili num ímpeto de indignação.

Nina ouviu calada as censuras e as acusações, sorrindo com desdém para as últimas palavras da prima.

— Você se engana! Tenho direito de exigir que a companhia que me cerca seja decente. Zinaída Moisséevna é que não pode impingir-me pessoas vulgares, insultar a minha audição com suas insolências e obrigar-me a admirar a roupa íntima suja do senhor Iudelman. Ao se casar, o papai não lhe deu o direito de transformar a casa num albergue e, se ele estivesse aqui, ela não ousaria convidar essa gentalha suspeita que esteve hoje no almoço.

Zinaída Moisséevna também estava furibunda; porém, faltava-lhe inteligência suficiente para compreender que tinha exagerado e que o assunto poderia ter conseqüências desagradáveis, principalmente se Arseny também interferisse e os dois, mais tarde, se queixassem ao pai. Ademais, motivos outros faziam-na evitar uma ruptura definitiva com Nina e, assim, engolindo o ódio, ela decidiu encerrar a história em paz. Quando no dia seguinte Nina veio para o desjejum, ela disse em tom carinhoso:

— Não se zangue, querida; vamos fazer as pazes! Reconheço que errei e agi impensadamente, já que deveria resguardar a casa do meu marido desse tipo de conversas revolucionárias. Mas a senhora também não deveria ser descortês comigo ao fechar a porta aos meus convidados; eu mesma decidi não os receber mais. Permita-me dizer uma coisa, querida Nina: a senhora é por demais severa, intolerante e até cruel. Às vezes, não se pode culpar as pessoas por sua má educação. A senhora, naturalmente, está acostumada à reverência e à delicadeza das pessoas de seu círculo; os meus convidados são gente simples, saída do povo e que luta por seus direitos civis. Talvez, a paixão por política os tenha arrebatado dos limites da decência; mas a senhora não pode imaginar o estado de pobreza em que eles vivem, quanto ódio, injustiça e opressão tiveram de suportar...! Acredite, esses pobres meninos ao menos se deram que haviam chocado a senhora com seus discursos e maneiras descomedidas. Mas repito: já que eles não lhe agradam, não os verá mais e esqueçamos toda essa história.

— Não desejo outra coisa, senão esquecer esse acontecimento desagradável – respondeu Nina, em tom contido.

Seu instinto lhe dizia que, sob a reconciliação da madrasta, espreitava-se um ódio diabólico, mas uma ruptura aberta também lhe era desagradável.

Capítulo VI

Certa manhã durante o desjejum, algum tempo depois do incidente descrito, apareceu Enoch Aronstein. Zinaída Moisséevna ficou extrema mente feliz com a sua vinda e convidou-o a passar uma semana na datcha.

— A senhora não tem nada contra, querida Nina? – dirigiu-se ela, amavelmente, à enteada.

— Absolutamente! – assegurou esta corando, sem acrescentar que isso lhe constituiria um prazer.

Três ou quatro dias passaram com bastante paz. Nina, esforçando-se inicialmente para manter-se longe, tranqüilizou-se depois ao ver que Enoch se comportava com muita reserva em relação a ela e, de um modo geral, verificou-se uma pessoa bastante educada. Ele jogava críquete ou tênis com as damas, acompanhava-as para concertos e passeios e, nas conversas, mostrou-se brilhante com seus conhecimentos gerais e línguas estrangeiras. Sua conversa interessante sobre diferentes temas divertia Nina e, talvez, sua desconfiança enraizada se tivesse enfraquecido, caso ela não tivesse observado nos olhos escuros de Enoch fulgurações suspeitas, motivos de sua prevenção e afastamento.

Certa manhã, a princesa e Lili estavam sentadas no balcão do quarto de Nina no primeiro andar, que dava para o jardim da datcha. As senhorinhas estavam sozinhas em casa; Zinaída Moisséevna tinha ido à cidade com o primo para fazer compras e as crianças estavam passeando no parque. Lili bordava um sachê para o noivo, e Nina fazia um tapetinho para o pai, sem perceber que a amiga a olhava de soslaio. De súbito, Lili pôs a prenda de lado e disse maliciosamente:

— Felizarda! Você não nota nada?

— Não noto o quê? – surpreendeu-se ela.

— Espertinha! O belo Enoch está apaixonado e flerta com você a toda hora.

Nina deu de ombros com desdém.

— Você está enganada. O senhor Aronstein nem está apaixonado, nem flertando; ele simplesmente é gentil e atencioso comigo. Antes assim, porque eu não permitiria um flerte inoportuno e seu amor não teria nenhum sentido.

— Digo-lhe que ele está perdidamente apaixonado. Simplesmente você não quer perceber como ele acompanha cada movimento seu, fica extasiado quando você fala, ou toca piano; ele não consegue dominar a paixão em seus olhos maravilhosos e aveludados. Devo lhe dizer que você é muito tola em desdenhar o seu amor; ele é um partido brilhante. Ou você abomina suas qualidades só porque ele é...?

— Só porque é...? – reinquiriu Nina, em tom de escárnio. – Você abraçou a tal ponto o judaísmo, impregnando-se dele, que não consegue distinguir o branco do preto. Entenda que o seu *só* é um fundo abismo, que separa de tal união qualquer moça cristã de casa honesta. Eu ainda admito que uma penúria amarga ou uma necessidade extrema obrigue uma mulher a desposar um homem dessa raça nojenta; mas não consigo imaginar como isso pode ser feito de boa vontade e, até hoje, recuso-me a entender como você conseguiu se apaixonar por seu Leizer. Em vez de me pregar essas tolices, você deveria pensar no que está fazendo, enquanto não é tarde. Pense apenas que você terá de romper com todo o seu passado e que esse seu futuro marido, pelo qual você desiste de seus familiares, tem sua própria família pertencente ao proletariado de algum buraco no fim do mundo, e você terá de suportar essa parentalha sórdida, vulgar e inculta. Que gentalha deve ser aquela, dá para julgar pelo seu noivo! Quantas vezes você já não teve de corar por seus deslizes e sua incapacidade de se comportar na sociedade. Não precisa ir longe, ainda anteontem ele enfiou as mãos na boca e começou a esgravatar os dentes e, depois, limpou as mãos na toalha de mesa; ou, quando depois começou a escarrar embaixo da mesa... E com essa pessoa você está querendo viver, ser sua esposa?...

Cerrando os olhos, Nina recostou-se no espaldar da poltrona e no rosto maravilhoso estampou-se tal nojo, que Lili acanhou-se.

— Como você exagera! Justamente quando formos viver juntos, eu corrigirei sua falta de educação e ensinarei como ele deve se portar. Aliás, não vamos falar nisso, minha decisão é irreversível; o que não entendo é o seu desprezo ao amor de Aronstein. De qualquer modo, ele é um homem como uma centena de outros, apenas mais bonito e encantador. Ninguém pode tirar-lhe o direito de amá-la. Acho até que os beijos dele devem ter um encanto especial... – e ela sorriu cinicamente.

— Peço-lhe abster-se desse tipo de brincadeira – interrompeu Nina. – Evidentemente não posso proibir nada para o senhor Aronstein e repito: ele está inflamado por mim à toa. Nenhum de seus encantos, seja físico ou espiritual, ou seus milhões, me afetam. E, depois, ele não é nenhum Pigmaleão para animar a pedra morta do meu coração. Tenho tanta aversão a tudo em que repousa a sombra do judaísmo, que meu coração se retrai todo só de pensar em qualquer contato com ele. Um pressentimento sombrio me sussurra que aquela mulher, com a qual, infelizmente, ele se casou para se livrar de uma situação difícil, será com o tempo seu *laço da morte* e custará muito caro.

Lili levantou-se para pegar um novelo de seda que estava na cesta do outro lado do balcão e estremeceu. Assustada, ela se aproximou da amiga e colou o dedo nos lábios.

— Tss! Eles já voltaram e Aronstein está sentado no terraço. Ele deve ter ouvido a nossa conversa – sussurrou ela, mal audível.

— Tanto melhor! – considerou Nina, em voz alta. – Pelo menos assim ele saberá como se comportar e economizará seu amor para alguém mais digna que eu; para mim esse amor não passa de ultraje.

Ela afastou bruscamente os bastidores e retirou-se do balcão. Lili, perplexa, continuou sentada. Ela viu Enoch descer correndo do terraço e sumir numa das alamedas escuras do jardim. A baronesa dirigiu-se em passos indecisos à saleta ao lado do balcão; não havia ninguém lá e a porta para o quarto anexo estava fechada – significava que a princesa se trancafiara no dormitório. Neste instante, seu olhar deteve-se nas fotos de Nina entregues de manhã pelo fotógrafo, espalhadas na mesa. Lili meditou, em seguida escolheu uma entre duas dúzias de fotos tiradas em diversas poses, em que ela estava de roupa de casa, chapéu branco e rendado de jardineira, empunhando um buquê de flores, e enfiou no bolso da saia. Em seguida, desceu apressada para o jardim. Queria encontrar Aronstein para saber se ele ouvira as palavras ofensivas da prima.

Após uma procura bastante longa, finalmente o encontrou num canto do jardim, num caramanchão densamente coberto por jasmim, onde havia um banco e uma mesa.

Ele estava sentado com o rosto coberto e mergulhado em seus devaneios sem se aperceber de Lili, que lhe colocou a mão no ombro.

Sentiu pena ao ver o rosto pálido feito cadáver, no qual se congelara uma expressão de ódio e desespero.

— O senhor deve ter ouvido a nossa conversa – disse ela, associada em pesar. – Mas não leve isso a sério!

— Sim, sim! – fez Enoch. – Eu ouvi que aos olhos dessa mocinha não passo de um pária, ao qual nenhuma educação, nem o talento, nenhuma riqueza, ou seja, nenhuma qualidade física ou espiritual, dão direito humano ou inalienável de almejar o coração daquela que se ama. Por mais que seja revoltante essa opinião, por si só, seria até indiferente se, para a minha desdita, não sentisse uma paixão fatídica por essa prepotente e injusta moça. É indescritivelmente duro aceitar que eu apenas provoco ódio à mulher adorada, que estremece só de pensar em receber uma carícia minha. E tudo isso porque você pertence à raça que toda a humanidade persegue com execração cega, injusta, obtusa e revoltante.

E Enoch cerrou os punhos.

— É verdade! – e Lili suspirou. O senhor carrega inocentemente a conseqüência dos pecados e, muitas vezes, os delitos de seus ancestrais e correligionários que semearam e enraizaram esses preconceitos. Mas, graças a Deus, estão ocorrendo reações e muitos já não comungam nessas concepções selvagens. Eu mesma sou um exemplo vivo: como Nina, sou uma aristocrata de origem, no entanto desposarei um homem de sua tribo, a quem amo e respeito, e que não me inspira nem nojo, nem desdém. Nada me fará separar-me dele... Os israelitas estão no limiar de conquistar igualdade de direitos; com isso, tudo ficará esquecido e as prevenções raciais serão varridas da face da terra. Assim, não se desespere! Ainda pode ocorrer um milagre com Nina. Ela é ainda tão jovem, que não pode ter convicções enraizadas, pois no coração de uma mulher se nidificam muitas contradições. Por que, então, um homem belo, educado e rico como o senhor não conseguiria encontrar um meio de conquistar o coração rebelde de uma mulher teimosa, educada com preconceitos e, intelectualmente, limitada e ultrapassada?

Aronstein agarrou as mãos de Lili e cobriu-as de beijos.

— Agradeço sua magnanimidade! Suas palavras são um lenitivo para a minha alma dilacerada. É claro, estou disposto a tudo para alcançar os meus objetivos.

— Quero crer... Para curar as suas feridas, veja o que eu lhe peguei!

Ela tirou do bolso a foto e colocou sobre a mesa. O rosto abalado do banqueiro cobriu-se de alegria.

— É Nina! Posso ficar com a foto?

— Claro, só que esconda bem! – aquiesceu rindo Lili.

— Sua cruel! – sussurrou Enoch, olhando para a foto. – Você me enfeitiçou com os seus olhos de gazela... Estou disposto a revirar o mundo para conquistar-lhe o coração.

Ele tirou a carteira, enfiou ali a foto e, colocando no bolso, disse sorrindo com orgulho:

— Apesar de seu desprezo e aversão por mim, ficará aqui perto do meu coração, para sentir o seu palpitar. – Ah, se ela fosse como a senhora – acrescentou ele, dirigindo-se a Lili.

— Oh, não é fácil ter concepções modernas – disse ela, prazenteira. – O senhor nem imagina a luta renhida que tenho de suportar contra os preconceitos da família; receio que o meu casamento me feche as portas de meus nobres parentes. Quando é que vamos parar de nos angustiar, prisioneiros desses preconceitos selvagens...? Estou tão cheia disso, que me disponho a carregar o estandarte dessa libertação.

— Ah, este caso desagradável me fez esquecer algumas novidades, uma das quais lhe interessa sobremaneira, querida

Elizaveta Antonovna. Hoje eu recebi uma carta do diretor do teatro, em que ele me diz que logo virá a Petersburgo para assinar um contrato com Leizer Mendelevitch, em condições muito vantajosas. Assim, a senhora ficará longe de seus familiares empolados e imune à sua raiva.

— Meu Deus, como ficarei feliz quando isso terminar! Depois da assinatura do contrato podemos marcar a data do nosso casamento. Obrigada, caro Enoch Danilovitch. E que outra novidade tem em sua manga? – corando de satisfação, ela perguntou impaciente.

— A segunda novidade é que o meu tio Moisséi me escreveu hoje que conversou com o ministro do interior e soube que Gueorgui Nikititch logo será nomeado governador em Slavgorod. Só o estão aguardando da viagem; uma vez que o atual governador está velho e doente, a designação do príncipe sairá logo. Assim, o meu afeto irá morar na mesma cidade e eu terei mais chances de aproximação com a princesa-não-me-toques, visto ali eu fazer parte do grande mundo e da aristocracia financeira. O meu banco é o mais importante da cidade; tenho ali três casas, além de um sobrado, onde é a sede do banco; sou membro de diversos comitês e instituições, incluindo as de caridade. Pela posição que desempenho, o príncipe não poderá deixar de me receber; a Zina eu prometi ajudar na organização de bailes, loterias e bazares. Naturalmente, a senhora também participará de tudo, assim como seu marido, cujo talento incomparável nos será muito útil. Farei de tudo para que os dois ocupem uma posição que tanto merecem.

— Como o senhor é bom, gentil e magnânimo, querido Enoch Danilovitch. Essa tola da Nina é cega em não lhe dar o devido valor. Ela precisa ser ajuizada. Tenha certeza de que eu farei todo o possível para aproximar os dois, a fim de que sejam felizes.

Aronstein esteve ausente no almoço e, quando Lili questionou o fato, Zinaída Moisséevna disse que ele viajara para a cidade. Ao término do repasto, todos se dispersaram: Lili foi ao seu quarto para escrever cartas, Nina saiu para passear com as crianças. Quando ela voltou do passeio, já ia escurecendo. O terraço estava vazio, mas no salão iluminado ela viu a princesa lendo, semi-estendida no sofá, em pose desleixada, de modo que se viam seus tornozelos com os pés calçados em sapatos de couro vermelho e as meias pretas de seda.

Sem vontade de conversar com a madrasta, por quem nutria aversão cada vez maior, Nina sentou-se na cadeira de balanço, no terraço, perto da janela que dava para o salão, e mergulhou em devaneios. Assim calmamente ela ficou sonhando por um quarto de hora, quando viu Aronstein entrando no quarto de Zinaída Moisséevna. Ele sentou-se ao seu lado e começou a falar do romance que ela estava lendo, mas esta afastou o livro e espreguiçando-se disse:

— Cante algo, Enoch! Gosto de ouvi-lo e sonhar. Ultimamente você está tão preguiçoso!

— Cantarei de bom grado para lhe dar esse prazer. O que você quer ouvir?

— Cante o que quiser, meu Mazzini!

Aronstein foi até a estante com as notas e começou a folhear um caderno; de repente, ele o largou de lado. Sentando-se ao piano, começou a escolher o tom e iniciou uma ária de Lohengrin. Tinha uma voz maravilhosa: forte, aveludada, flexível e bem trabalhada. Era de fato um artista de primeira, e bem possível que os feitiços de sua voz maravilhosa tenham seduzido muitos corações femininos.

Nina estremeceu e sem tirar os olhos do cantor, cujo perfil correto – tipo puramente oriental – desenhava-se em traços nítidos no fundo vermelho de revestimento da parede. Ela era apaixonada por música e por isso valorizou a interpretação perfeita. Nina entregou-se toda aos ouvidos. Enoch, neste ínterim, terminou o canto e passou a tocar piano; sua interpretação, da mesma forma artisticamente brilhante, empolgava e a perturbava. Jamais ela ouvira aquelas melodias incrivelmente originais que arrebatam a alma. Em seguida, ouviu-se novamente a voz. Ele cantava a confissão do amor, só compreendida pelos rochedos e precipícios, que o secundavam com o estrondo da tempestade e, do caos dos elementos enfurecidos, ouvia-se o clamor de uma paixão frenética e tempestuosa, imensa como o oceano, que ora protestava desesperada, lamentosa e amargurada, ora se erguia triunfante, intrépida e desafiadora.

O cantor parecia ter-se esquecido de onde estava, vertendo em sons a tempestade indômita da alma e a luta interna. Por vezes, em sua voz trêmula de paixão e no olhar lúgubre havia algo de satânico. Nina ficou impressionada pela música e pela paixão impetuosa com que respiravam aqueles sons, pela primeira vez ouvidos; ela estava enfeitiçada e um tremor nervoso percorreu-lhe o corpo.

Subitamente o canto e a música pararam. Nina como que saiu do entorpecimento e suspirou aliviada.

Enoch se levantou e, saindo ao terraço, percorreu-o nervosamente, quando, de súbito, topou com aquela que lhe absorvia os pensamentos.

A lâmpada que pendia do teto em quebra-luz cor-de-rosa iluminava o esbelto talhe branco de Nina e a perturbação que ela vivenciara lia-se nitidamente em seu rosto impressionável. Os seus grandes olhos límpidos olhavam com uma curiosidade inocente de criança, perscrutando o objeto enigmático que ocultava algo desconhecido. Será que ele era capaz de sofrer, sentir o desprezo que pesava sobre ele e seu povo? Será que ele era tão infeliz como se expressara no canto?

Aronstein fitava-a calado e seu rosto pálido incandesceu, ao notar aquele misto de sensibilização e desdém que se refletia vivamente no rosto da princesa.

— O senhor é um grande artista! Eu não imaginava no senhor um dom tão raro – disse Nina, quebrando o silêncio.

— Oh, claro! Como a senhora poderia suspeitar que um homem tivesse um outro talento além de viver de renda, fazer agiotagem e intrometer o nariz na sociedade que o despreza e se estremece de nojo, quando lhe é obrigada a apertar a mão – disse Enoch com sorriso amargo. – Mas ninguém quer entender a que ponto é revoltante tal tratamento ao povo inteiro, como se ele fosse leproso, sem distinção do culpado ou inocente, e sem admitir que a educação, o talento, as qualidades da alma e do coração desfazem os obstáculos ridículos criados por preconceitos inconsistentes, tolos e arcaicos das pessoas que são, entretanto, irmãs em humanidade.

Nina soltou um suspiro.

— Sinto muito que o senhor tenha de colher o ódio que semeou sua tribo. Quase sempre os inocentes pagam pelos culpados; mas o que se pode fazer? O abismo que separa o seu povo de outros povos cavou-se por séculos e vocês não podem pedir condescendência, já que sua gente nutre um ódio inconciliável pelo resto da humanidade. Um povo que quer conquistar a igualdade de direitos, passando por um mar de sangue através de crimes hediondos, revoltas, saques, destruição moral e material dos países que o abrigaram, não pode deixar de provocar uma aversão geral.

Desde os tempos imemoriais, por todos os lugares que cruzaram os filhos de Israel, eles deixaram um rastro de sangue, discórdia, tumulto e destruição. Em todo o mundo, os judeus sublevaram os povos e os empurraram para guerras fratricidas, abalando suas crenças e valores cívicos, que serviam de alicerce para o poder governamental. E então, quando nos escombros de sua grandeza nacional, com milhares de hecatombes humanas, os povos vêem o Judas triunfante, cantando a sua vitória em meio aos gritos das desgraças e sofrimentos por ele causados, usurpando-lhes os direitos e as prerrogativas, todos têm o direito de correr dele como de satanás, e considerá-lo um inimigo da humanidade.

Não quero dizer que não existam exceções; mas onde procurá-las? Tal qual num grupo de pestilentos, podem ser encontradas pessoas sadias, mas o medo do contágio faz com que uma aproximação com eles seja evitada. O senhor me censura por odiar e desconfiar de sua tribo. Digo-lhe com sinceridade: rendo a devida justiça à inteligência, energia e talento dos judeus; mas sinto neles um inimigo perigoso, obstinado, cheio de ódio ao meu país – uma serpente que o envolveu para asfixiá-lo, tirar-lhe a honra e a grandeza, arrancar-lhe a fé e tudo que nos é sagrado, para escravizar e profanar. Mas o grande povo não se entrega e não morrerá sem luta, e este combate iminente será de vida ou morte. Eu amo demais a minha pátria e por isso evito e odeio um inimigo covarde.

— E quem nos fez o que somos agora? São os próprios cristãos com sua intolerância, prepotência e perseguições – devolveu Enoch, respirando pesado e fitando o olhar perscrutante no rosto incendido da adversária.

— Não, desculpe! O ódio a vocês é bem mais antigo do que o dos cristãos. Os egípcios, os assírios, os persas, os romanos – todos odiavam os judeus e, certamente, tinham lá os seus motivos...

— Tivessem ou não, não queremos que nos tratem feito cães sarnentos – interrompeu Enoch, explodindo. – Estamos cheios de ser desprezados e oprimidos; exigimos um lugar ao sol e arrancaremos isso dos cristãos, nem que seja com pedaços de carne, nem que seja com sua destruição, se eles não quiserem nos aceitar, por bem, como iguais.

Todo o ódio que lhe fervia desde a manhã, subitamente aflorou; com rosto vermelho, lábios trêmulos, fremindo de ira, ele deu um passo em direção à princesa, que debulhava pétalas de uma flor, com sorriso de escárnio nos lábios.

— Sua sinceridade é admirável e o senhor parece ter encontrado um meio de despertar o amor dos *góis*. Se ele não der certo, a única esperança é que o mundo acabe para pôr um fim à sua luta – meio indiferente, meio sarcástica, observou Nina e, no mesmo instante, estremeceu e recuou o busto.

Ao ter erguido os olhos, ela interceptara o olhar incendido de paixão de Aronstein, que lhe infundiu aversão e medo.

— Zinaída Moisséevna! – chamou ela, gritando. – Venha aqui, por favor, e acalme seu primo; receio que ele não esteja passando bem. A propósito, diga-lhe que em nosso meio não se costuma encarar uma moça com tanta insolência.

Nina passou, feito tempestade, ao lado da princesa assustada que apareceu no umbral do terraço.

— Enoch, o que há com você? Ficou doente da cabeça? – dizia a princesa sacudindo o braço de Aronstein, que aos prantos surdos se deixara cair na poltrona largada por Nina, cobrindo o rosto com as mãos.

— Por quê? Por que sou condenado a pertencer a este povo maldito? – soluçava ele.

Altivez e indignação fulgiram nos olhos negros da princesa ao ouvir aquelas palavras. Curvando-se sobre ele, ela sussurrou em voz surda, mal contendo a ira:

— Insano! Cego! Você não tem vergonha de se injuriar? Uma filha de *góis* jamais merecerá ser amada por um filho de Israel. Está próxima a hora em que obrigaremos essas criaturas esnobes a reconhecerem quem manda; serão nossos criados e lacaios. Essas cristãs implorarão para serem esposas dos judeus, se não suas amásias... Recompõe-se, pois! Se entrar um criado e o encontrar neste estado... Além disso, não há motivos para desespero. Meu pai escreveu-me que Jorge vai ser nomeado governador em Slavgorod; significa que ela morará na mesma cidade, e eu lhe prometo que apertaremos ainda mais firme o laço no pescoço do meu caro marido, de modo que ele se sentirá afortunado em poder casar sua orgulhosa Nina com você. Aliás, ainda que você não a tenha como esposa, tê-la-á – palavra de Sara – como amante.

Enoch se retesou e enxugou com o lenço seu rosto pálido e suado.

— Não! Quero tê-la como parte do meu patrimônio inalienável – assegurou em voz entrecortada. – Amante é uma pessoa voluntariosa, que pode me abandonar; enquanto a esposa é uma propriedade legitimada perante as leis.

— Bem, graças a Deus! Finalmente eu o reconheço! Se precisar de uma aliada, pode contar comigo – concluiu Zinaída Moisséevna, soltando uma risada.

Sem desconfiar da tempestade que se juntava sobre sua cabeça, Nina adentrou correndo o quarto de Vassilissa e atirou-se em seu pescoço.

— Aia, aia! Aquele asqueroso está apaixonado por mim! Se você visse como ele me olhava! Tenho medo dele – balbuciou ela, tremendo toda.

A boa velha, assustada, tentou acalmá-la; até ela observara algumas vezes os olhares estranhos de Aronstein, porém nada disse a Nina, temendo perturbá-la.

No dia seguinte, Enoch não compareceu para o desjejum e tampouco veio para o almoço; Vassilissa Antipovna observou a Nina que provavelmente ele tinha ido embora de vez, pois sua mala tinha sido levada.

O tempo que se seguiu correu sossegado. Não houve mais reuniões de revolucionários e o verão dispersou a sociedade de Petersburgo pelas datchas, aldeias e exterior, de modo que poucos visitavam a casa dos Pronsky.

Apenas Lili era uma visita constante. Depois da última tentativa do velho barão – seu tio e tutor – de obrigar Lili a desistir do casamento, seguiu-se praticamente uma ruptura definitiva com toda a família.

Todos os esforços de dar juízo à moça se verificaram infrutíferos. Devido à sua obstinação tola, o barão anunciou que até que ela completasse a maioriedade, em 26 de agosto, ele não lhe daria seu consentimento para aquela união; depois, ele apresentaria um relatório do tuteio e lhe transferiria os seus bens, calculados em cem mil rublos, em notas bancárias, após o quê, o relacionamento de sua família estava definitivamente rompido com ela. O irmão de Lili, Anatoly, aprovou tal decisão e disse, por sua vez, que apagaria a irmã, convertida em *madame* Itselzon, de sua memória.

Porém, nem essa tensão, nem a perda dos familiares abalaram a decisão da pertinaz baronesa. Penhorada, ela se agarrou ao convite da princesa de mudar-se à datcha até o dia do casamento, marcado para o início de setembro. Mais adiante, os novos cônjuges iriam realizar uma pequena viagem de núpcias, antes de se mudarem definitivamente para Slavgorod, onde Leizer se engajou numa trupe de ópera. Como o príncipe acabara de anunciar sua designação para o posto de governador, Zinaída Moisséevna prometeu arrumar pessoalmente um "ninho" para os jovens e preparar tudo para o dia de sua volta.

Zinaída Moisséevna entediava-se com aquela vida tranqüila e isolada, procurava também uma saída para extravasar seu ódio reprimido contra o marido e sua família; horas a fio, não raro, ela ficava urdindo algum plano para prejudicá-los e desfechar um golpe mortal no coração do príncipe.

Uma visita assídua na datcha era Arseny, que vinha nos fins de semana de Krásnoye Seló. O jovem agradou-a, à primeira vista, e quanto mais ela se decepcionava com o marido, mais se interessava por Arseny. E eis que em sua mente devassa amadureceu um plano que deveria, simultaneamente, satisfazer a sua sede de prazer e de vingança.

Capítulo VII

Era início de agosto. Havia já alguns dias que Arseny fora promovido a oficial, sem ter ainda aparecido em Tsárskoie Seló. Nina encontrara-se com ele na cidade naquele dia e ele prometeu ir à datcha, à noite.

Após o almoço, Nina se viu indisposta; uma fraqueza geral progrediu em enxaqueca e ela teve de se deitar.

Às onze horas da noite, na casa reinava um silêncio completo. As crianças com as governantas dormiam na extremidade oposta da casa; Lili ficou para pernoitar na casa dos amigos na cidade.

Zinaída Moisséevna estava sozinha em seu *boudoir*, ao lado do dormitório. Tendo-se trocado num rico chambre de batista, cor-de-rosa e ornado de renda, ela ajeitou os cabelos numa trança para dormir e dispensou a camareira. Em seguida, colocou na mesa um cesto com frutas, *perojki* (16), vinhos e licores e, num dos copos de cristal, transferiu de um saquinho um pouco de pó branco, que guardava na carteira. Finalizados

---

(16) Uma espécie de pastel assado, normalmente recheado com carne ou repolho. N. T.

os preparativos, ela saiu ao pequeno terraço ao lado do *boudoir* e pôs-se a andar impaciente, olhando para o portão do jardim, por onde normalmente entrava Arseny, ao chegar tardio em casa, cuja chave carregava consigo.

Bateu meia-noite e um leve ranger do portão apontou o retorno do jovem príncipe. Um minuto depois, a figura esbelta do oficial assomou-se junto do terraço, ao lado do qual ele haveria de passar invariavelmente para chegar ao gabinete do pai, onde normalmente dormia.

Ao notar a presença da madrasta, ele se deteve para cumprimentá-la.

— Ah, é o senhor, Arseny Gueorguievitch! Permita-me cumprimentá-lo. Eu ainda não tive o prazer de vê-lo de uniforme de oficial. Aceite os meus melhores votos!

Arseny galgou os degraus do terraço para agradecer os cumprimentos e beijou a mão estendida.

— O uniforme lhe cai tão bem! – prosseguiu ela, sorrindo. – Creio que o senhor não vai me recusar a oferecer-lhe um copo de vinho pela sua promoção.

Arseny não podia recusar sem ofendê-la e seguiu-a ao *boudoir*. Ao ver os acepipes servidos, ele tirou o sabre e sentou-se à mesa; enquanto ele colocava a arma na cadeira, Zinaída encheu dois copos e, estendendo-lhe a bebida, levantou o seu copo para brindar à saúde dele e à brilhante carreira do jovem alferes de cavalaria.

Com o movimento, a larga manga do chambre desceu e da profusão de rendas exibiu-se o braço desnudado, de beleza clássica, branco feito marfim.

Fitando-o audaz e diretamente com seus olhos radiosos de alegria contida e despreocupada, seu rosto branco acetinado estava abrasado. O olhar de Arseny deteve-se momentaneamente admirado em Zinaída; ele emborcou de um gole o vinho e tornou a agradecer pelo cumprimento.

— Por que o senhor veio tão tarde? Nina só não o esperou, porque uma enxaqueca insuportável a obrigou a se deitar.

A princesa aproximou-lhe um doce confeitado e, enquanto Arseny o deglutia, contou o teor da carta que lhe enviara o príncipe; depois ela passou a narrar as notícias tristes que vieram do teatro da guerra e contou a situação da Cruz Vermelha; por fim, falou da designação do marido e da viagem deles em breve.

Cada assunto, abordado por ela, continha tantos detalhes que se poderia suspeitar que a conversa fora traçada premeditadamente. Neste ínterim, seu enteado passava por uma estranha mudança. O rosto do jovem incandesceu e ele foi tomado por excitação febril.

Ele tomava copo atrás de copo, servidos pela obsequiosa e falante Zinaída, que parecia ignorar o olhar apaixonadamente ousado do jovem. A excitação de Arseny alcançou o apogeu: ele agarrou com a mão cálida a mão da interlocutora, quando esta lhe ofereceu um cigarro. Fingindo estranhar seu ato de arroubo, ela perguntou, em tom preocupado:

— O que há com o senhor, Arseny? O senhor está tão vermelho. Não está passando bem?

Premendo-se a ele, ela pôs a mão em sua testa.

O contato com o corpo elástico teve o efeito de um choque elétrico. Entorpecido pelo perfume excitante que dela recendia, ele a abraçou impetuoso e a beijou avidamente.

— O que o senhor está fazendo? Aqui, perto do balcão...? Deixe-me...

Ela se desvencilhou de seus braços e recuou até a porta do seu quarto. Mas o jovem perdeu a cabeça e seguiu-a tentando agarrá-la. Eles desapareceram no quarto da princesa e a porta se trancou.

Já era tarde quando o jovem acordou no dia seguinte. Estava deitado seminu no sofá do gabinete do pai, que lhe servia de cama. Sua cabeça pesada estalava; um cansaço lânguido lhe passava por todo o corpo. Entrou Procófy e deixou escapar uma risada prazerosa.

— Vossa Alteza inaugurou bem o seu novo uniforme! – disse o velho criado com aquele tom de proteção que costumava sustentar com o jovem senhorio. – E eu, velho idiota, dormi tanto que não vi sua chegada. Deve ter sido lá para as quatro, senão às cinco, quando o meu sono é mais pesado.

Ao ver que o jovem príncipe fechou os olhos e premeu as mãos contra a testa, o velho se retirou, fechando a porta.

Arseny, porém, não estava dormindo e esforçava-se para lembrar o que tinha acontecido. A partir do momento em que entrara no terraço da madrasta, suas recordações se embaralhavam; engraçado! – ele voltara para Tsárskoie Seló da casa dos parentes, onde ele não bebera nada... O que aconteceu depois...?

Mas eis que começaram a se avivar as recordações, inicialmente imprecisas; aos poucos elas se tornaram mais definidas e, à medida que se desenhavam precariamente os episódios da cena da noite passada, um suor gelado ia cobrindo-lhe o corpo e, no coração, instalou-se um sentimento de horror e nojo.

Teria sido um sonho ou ele simplesmente estava louco? Que aventura vergonhosa e idiota! Num arroubo de paixão insana ele possuiu a esposa do pai! E aquela vadia correspondeu à sua paixão com o cinismo de uma bacante.

Sua cabeça girava e ele não conseguia compreender de que modo se perpetrou aquela indecência aviltante.

Envergonhado de si mesmo, momentaneamente lhe passou pela cabeça se matar; o jovem, porém, era assaz íntegro e religioso. Ele havia crescido na convicção de que o suicídio é pecaminoso e covarde e que não se podia redimir uma falta torpe com outra ainda pior. Arseny tentou se convencer de que aquilo não passara de um pesadelo; mas, infelizmente, a ilusão não durou muito.

Ele ainda não estava vestido, quando lhe entregaram um bilhete da madrasta em que, resumidamente, esta dizia estar indo à cidade e pedia, na hora marcada, que ele passasse na casa da cidade para tratar de um assunto de negócios.

Durante o desjejum, Nina ficou muito alarmada com o aspecto doentio do irmão, mas este a tranqüilizou, aproveitando-se das insinuações de Procófy, e disse ter exagerado um pouco no jantar com os amigos.

A conversa tida com Zinaída Moisséevna deu certeza ao jovem que o ocorrido não fora um sonho e que a madrasta gostava dele; livrar-se dela não seria fácil. Ao mesmo tempo, após longas horas de reflexões sombrias, ele se convenceu de que caíra numa armadilha e que naquela intriga constrangedora se espreitava uma vingança ao pai, que, com toda certeza, magoara com alguma coisa aquela bruxa.

Na alma de Arseny crescia um ódio irreconciliável por aquela mulher fatídica, causa da morte da avó e de sua própria humilhação, e desgraça para toda a família. Ele já não pensava em suicídio; ansiava, antes de tudo, por vingar-se, destruir aquela víbora e vigiar para que ela não causasse algum mal aos seus próximos, sobretudo a Nina, odiada por ela – o que ele intuía.

Duas semanas depois, Gueorgui Nikititch retornou. Ele estava assoberbado de trabalho e só pôde ficar em Petersburgo pouco tempo, obrigado a ir ao local de sua designação em vista do adoecimento de seu predecessor e da situação intranqüila e alarmante da província.

Certo dia, ao ficar a sós com o pai, Nina aproveitou a oportunidade para relatar-lhe o que ocorreu durante a ausência dele: como Zinaída Moisséevna amparou em casa um bando de anarquistas, como teve de suportar as provocações para motins e os impropérios dirigidos ao czar e ao sistema vigente, sem falar de suas maneiras indecentes de se comportarem.

— Mas eu já dei um basta a essas reuniões dos desordeiros – finalizou Nina, toda corada. – Apesar disso, considero de meu dever preveni-lo de que agora, com a sua posição, você não pode permitir em casa a presença desses vadios; mesmo Zinaída Moisséevna freqüentemente peca por suas maneiras de se comportar em sociedade, o que me deixa constrangida. Tenho medo de que ela o comprometa.

O príncipe abraçou e beijou a filha.

— Obrigado, minha querida guardiã, por ter tomado conta de tudo! Fique tranqüila, não permitirei que façam de minha casa um clube de amotinados; se notar algo de suspeito, avise-me.

Nina prometeu fazê-lo com prazer.

À noite, ao ficar sozinho com a esposa, o príncipe encarou-a com seu olhar habitualmente frio e disse-lhe:

— Eu soube, Zina, que você andou recebendo em casa gente muito suspeita e nem sequer se achou na obrigação de se ater às normas de decência. É de seu conhecimento a minha lealdade ao czar, as minhas convicções nacionalistas e religiosas; conseqüentemente, minha casa não é um abrigo para reuniões de anarquistas e pessoas vulgares. Não se esqueça, também, de que minha filha não é obrigada a lidar com gentalha obscura e duvidosa. Estarei viajando e vocês me seguirão daqui a mês. Durante este tempo, peço-lhe encarecidamente receber aqui pessoas de meu círculo e, sob nenhuma hipótese, deixar entrar jovens de sua raça e estudantes, ou seja: ninguém dessa juventude devassa, obscena que, ao invés de estudar, promove agitação nas escolas, indispõe os alunos contra professores e é uma vergonha de nossos tempos. Não se esqueça do nome que você carrega e lembre da posição que irá assumir brevemente.

Quero lhe pedir também que evite suas maneiras desenvoltas, inaceitáveis em nossa sociedade. Por exemplo, o seu hábito de cruzar as pernas, quase exibindo as ligas de suas meias – o que é assaz indecente. Podemos até concordar que essas ligas, adornadas por brilhantes, sejam chiques, mas só uma mulher de cabaré, não a princesa Pronskaya, iria mostrá-las a todos. E já que estamos falando disso, devo acrescentar que, de agora em diante, a organização de futuros bailes e festas beneficentes seja feita com orientação de Nina e, quando possível, de Arseny. Educados em nosso círculo, meus filhos conhecem todos os costumes sociais e lhe ajudarão nas recepções.

Sem esperar por uma resposta, o príncipe levantou-se e saiu do quarto, alegando um assunto urgente para resolver. Zinaída Moisséevna ouviu-o calada; seu consorte não percebeu o olhar cheio de ódio e desdém com que ela o acompanhou. Sua fúria foi tal, que ela rasgou em pedacinhos o seu lenço de batista e as rendas do chambre.

Absorto no trabalho e viagens contínuas, o príncipe não notou a mudança que se processou em Arseny, ou a alegria forçada na presença do pai, que o jovem começou a evitar. O príncipe tampouco reparou na tristeza e na decepção que se refletiram no rosto do filho, quando este anunciou que iria pedir a transferência para o exército – "para ficar perto da família e longe das seduções da capital".

Alguns dias depois da viagem do príncipe, deu-se o casamento de Lili, adiado por algumas semanas devido a diversas formalidades. A jovem baronesa estava zangada com Nina e o tio: este não quis adiar sua viagem e recusou-se a ser o seu padrinho. A prima condenou-a por ter depositado todo o seu capital – instruída por Itselzon – no banco de Enoch, em Slavgorod.

O príncipe dissera apenas:

— Você é tola.

Nina foi mais veemente:

— Não é à toa que se diz que, quando Deus quer castigar alguém, tira-lhe o tino. Você se comporta não só como uma imbecil em relação ao seu dote, como gasta dinheiro em mobília desnecessária. Comprou um piano de três mil rublos para o seu zinho... um instrumento tão caro só para ele fazer seus ganidos. Posso até imaginar... num belo dia você ficará à míngua, sem um tostão, seus bens acabando no bolso sem fundo dos senhores israelitas... Você só pode estar louca, deixando-se atada, à mercê daquele bando.

— Por favor, modere a sua língua, pois daqui a alguns dias vou fazer parte desse bando e não me envergonho disso. Tranqüilize-se em relação aos receios infundados quanto aos meus bens: nas mãos do meu noivo eles ficarão tão seguros como no meu bolso. Leizer é a própria encarnação da honestidade e jamais colocará em risco o nosso patrimônio conjunto – protestou Lili, enrubescida de indignação.

Por outro lado, Zinaída Moisséevna tratou a baronesa com afeto maternal. Sendo sua madrinha, ela a ajudou nas ultimações do casamento e, com auxílio de Enoch, alugou em Slavgorod uma casa. Aronstein guarnecia amavelmente o "ninho" com os móveis mandados de Petersburgo, entre os quais havia muitas doações da princesa.

Dois dias depois da primeira divergência entre as primas houve uma nova discussão.

— É verdade o que me disse, Nina, que você não quer ir ao meu casamento? – perguntou, alarmada, Lili.

— É verdade. Se nem o seu irmão ou algum de seus familiares quer ir, com que propósito devo fazê-lo, imiscuindo-me naquela companhia asquerosa?

Tólia (17) é um idiota, cuja cabeça foi feita por meu tu-

(17) Diminutivo de Anatoly. N. T.

tor e sua esposa; estou feliz por eles não irem. Mas você e o tio Jorge estão me deixando indignada. Ele próprio se casou com uma judia e dá uma de anti-semita. Que absurdo! E você não deseja, ainda que por delicadeza, engolir seus preconceitos anticristãos ultrapassados. Pelo jeito, você não vai querer saber de mim, nem receber-me mais, assim que me tornar *madame* Itselzon.

— Não, minha intolerância não chega a tanto! Sempre lembrarei quem é você e a receberei com prazer; mas freqüentar a casa de *madame* Itselzon – isso eu não tenho intenções. A aversão que me provocam os hebreus está acima de minhas forças.

— Arseny é bem mais humano que você e prometeu-me ser o padrinho.

Nina corou até as raízes dos cabelos.

— Verdade? Eu achava que ele tivesse mais tato. Reconheço: não imaginava que ele pudesse encontrar algum prazer naquele empurra-empurra de seu casamento.

— Está vendo? Seu irmão é mais fácil de lidar que você. Ele é imparcial e rende uma homenagem justa às qualidades raras de Zina, e não corre dela como você...

Lili soltou uma sonora gargalhada e fitou-a com tanto sarcasmo, que o coração de Nina se comprimiu num pressentimento vago e angustiante. Ela já havia notado que na alma do irmão se processara uma mudança fatídica.

A despeito disso, Nina fincou o pé e, alegando indisposição, não foi ao casamento, sem dar atenção às observações mordazes de Zinaída e alfinetadas de Lili.

No dia seguinte, Arseny estava de mau humor.

— Como está depois da solenidade memorável de ontem? *Madame* Itselzon estava feliz? – perguntou Nina, quando eles ficaram a sós.

O jovem príncipe desatou a rir.

— Oh, *madame* Itselzon estava radiante de felicidade. Vamos ver como é que ela volta da viagem de núpcias?! Aliás, diabo que a carregue com seu Leizer, e pare de me atormentar. Você está zangada comigo e eu reconheço que não devia ir ao casamento. Mas não me julgue mal! Não pude fazer nada e, acredite, senti-me muito mal naquela suntuosa reunião israelita. Tudo ali era específico: o tom, a toalete, os narizes aduncos e o jargão. Não pense, entretanto, que houve poucos dos nossos – quero dizer, pessoas de nosso círculo. Era uma infinidade, e toda essa companhia se mantinha obsequiosa, quase rastejando diante da Judéia insolente. Meus Deus, como as pessoas são vis e mesquinhas! Imagine que o almirante Vessioly e o barão Merkhe, juntamente com as personalidades do tipo Rydlovaya e Suchkova, e muitos outros, chegaram ao cúmulo do servilismo e foram acompanhar os recém-casados até a estação ferroviária. É verdade então o que dizem: que eles devem aos judeus até as calças!

Nina pegou a mão do irmão e a premeu forte.

— Esqueça essa gentalha, Arseny; ela não nos interessa! Diga, o que está acontecendo com você? O que lhe angustia a alma? De um tempo para cá você mudou tanto! Ou eu deixei de ser sua confidente, amiga e irmã amada, a quem você antes contava tudo?

Arseny empalideceu e deu alguns passos nervosamente pelo quarto. Aproximando-se da irmã, ele a abraçou impetuoso e beijou-a na face.

— Não, Nina, você sempre permanecerá minha amiga, confidente, e a minha esperança; quando o peso ficar insuportável, prometo-lhe revelar tudo. Só que agora não posso lhe falar nada e peço que não me pergunte. Mais um pedido: se você me ama, não diga ao papai que você notou alguma mudança em mim.

Surpresa e alarmada, Nina pediu que ele lhe confiasse seu infortúnio, mas vendo que as persuasões só perturbavam e irritavam o irmão, ela se calou.

Capítulo VIII

A mudança para Slavgorod deu-se por partes. Primeiro viajou Nina com as crianças, governantas e Vassilissa Antipovna. A princesa adiou sua partida por uma semana e, para isso, inventou diversas desculpas; na verdade, o motivo real era sua intenção de passar algum tempo com Arseny, longe da vigilância ou – como dizia – da espionagem de Nina e da criadagem. Ela gostava de sua intriga com o belo jovem; a aversão que a custo este disfarçava em sua relação, e os remorsos que o atormentavam, até divertiam Zinaída Moisséevna.

Ao chegar, Nina achou que o pai estava muito preocupado, triste e pensativo. De fato, a situação do príncipe não era fácil e, na prática, tudo se verificou bem mais confuso do que ele imaginava. Logo no início, ele percebeu estar na borda de um vulcão, dentro de um círculo vicioso do qual não havia saída e onde tudo era hostil às suas convicções políticas e gestão administrativa.

O vice-governador, a polícia, a justiça e o grosso de funcionários, eram recheados de "liberalismo" que beirava às raias da revolução. O príncipe logo se convenceu de que toda a aristocracia burocrática se vendera aos semitas, muito numerosos em Slavgorod – um grande centro administrativo e industrial. Após os dias sanguinários em Petersburgo, a hidra revolucionária tornou-se insolente e os panfletos clandestinos com as proclamações inundaram as ruas, casernas e aldeias, inclusive instituições governamentais. O governador sabia da existência de tipografias clandestinas, onde se imprimia aquele lixo infame; de fontes fidedignas, ele soube que os judeus se armavam a pretexto de autodefesa; por fim, o assassinato de policiais pouco graduados e de funcionários miúdos ensangüentava a cidade mais e mais. Entretanto, os criminosos continuavam impunes, as buscas nos depósitos de armas e nas tipografias clandestinas não eram feitas, as reuniões ilegais eram impossíveis de serem flagradas; a polícia chegava adiantada ou muito depois, os revoltosos escarneciam. Tal situação do quadro deixava o príncipe furioso. O pobre governador sentia-se impotente no meio do vice-governador, von Zaal – alemão, filho de judia e também casado com uma – e do chefe de polícia, Boiavsky – um polonês falso e ladino; todas as suas ordens recebiam uma oposição surda, porém obstinada. O vice-governador conseguia sempre provar que as acusações contra os judeus eram caluniosas, enquanto o chefe de polícia culpava pelas agitações ou provocações sempre algum dos patriotas russos. Ainda que alguém do bando revolucionário caísse nas mãos da "justiça", sendo preso em flagrante delito, a justiça invariavelmente o absolvia ou condenava a uma punição risível.

Para enfrentar aquela chusma obstinada, de fileiras cerradas, era necessária uma inteligência preeminente e energia de ferro – qualidades que Gueorgui Nikititch não tinha. Ele era um fidalgo da cabeça aos pés, tendo crescido nos salões escorregadios da corte, sob a sombra de bons "contatos" e "proteções". Era de índole boa, honesto, amava sua pátria; mas, ao mesmo tempo, era negligente e leviano, lânguido pelos prazeres da vida; sua energia ia se esvaindo no trabalho agitado e duro. Não era um estadista. O príncipe assumiu o seu posto com a melhor das intenções; trabalhava incansavelmente e vivia viajando em inspeção pela província; seus esforços, porém, de pouco adiantavam, pois tinha pouco caráter em contrapor-se ao vice-governador, ao chefe de polícia e ao presidente do tribunal – fantoches e servos fiéis do sionismo, que, às furtivas mas ativamente, trabalhavam sob o pendão do assim chamado movimento "libertador".

Com a chegada da princesa, a casa animou-se. O acúmulo de trabalho e as constantes ausências do príncipe desataram as mãos de Zinaída Moisséevna. Ela saía e recebia muito, revelando uma intensa atividade no âmbito da caridade e constituiu duas sociedades: uma para o auxílio dos camponeses famélicos; outra – para as vítimas da guerra. Os concertos, os espetáculos, os bazares, entre outras coisas, eram ininterruptos e ninguém mais se alegrava disso como os judeus, a quem protegia abertamente, contratando os conterrâneos como membros das instituições. Os representantes do mundo financeiro e industrial tornaram-se visitas assíduas e numerosas na casa do governador.

Nina indignava-se profundamente contra essa situação. Tudo que ocorria em volta a contrariava e, a este sentimento, juntou-se ainda o medo pelo pai, cujas convicções e situação vigente o expunham diariamente a um grande e crescente perigo. Mas o que lhe era mais odiento era encontrar-se, quase diariamente, com Enoch, que figurava como secretário em duas sociedades, conquanto, em outras, fosse membro honorário, participando ativamente de todas as invenções da prima – o que o envolvia com a princesa; ela, sendo a filha do governador, não podia declinar dos eventos beneficentes de Zinaída Moisséevna.

Aronstein era totalmente diferente do que era em Petersburgo. Ali ele falava e agia com grande empáfia, era par das autoridades e fazia-se de "aristocrata".

Já não tinha aquela circunspecção gélida, ou o desvario cálido, como na capital; portava-se com amabilidade negligente que parecia familiaridade. Na presença de estranhos, sobretudo, ele se colocava no mesmo pé de parentesco e tampouco se constrangia com o patente descontentamento ou indiferença da princesa. Nina não queria queixar-se ao pai, já sem isso cheio de problemas; mas, na medida do possível, ela se afastava e parou de freqüentar as reuniões da madrasta, a partir do momento em que ali se instalou definitivamente toda aquela tribo.

A princesa notou isso e, certa vez, quando estavam sozinhas no desjejum, observou com olhar mordaz e irado:

— Hoje às duas horas temos uma reunião no Comitê de Ajuda aos Feridos e eu espero que a senhora esteja presente. Sua má vontade de comparecer às nossas reuniões começa a atrair atenções; todos se espantam – e com justiça – de que a filha do governador seja tão indiferente com as instituições de utilidade pública. As ricas e respeitadas pessoas que nos honram com sua participação e presença estão magoadas com sua falta de atenção; mas, pelo visto, isso lhe é indiferente e a senhora porta-se como se não pertencesse à família; não se interessa pelo êxito do nosso trabalho.

Nina empalideceu e seus lábios tremularam, quando ela respondeu em tom frio:

— Admiram-me suas censuras, Zinaída Moisséevna. Conheço perfeitamente minhas obrigações em função do cargo de meu pai e, ainda que me seja desagradável, eu sempre participo de seus bazares, concertos e outras festividades. Sou a presidente do Comitê Feminino da Cruz Vermelha para a confecção de roupa; visito diariamente os feridos nos hospitais. E este dever, que me é sugerido mais pelo coração do que pela posição que ocupo, cumpro com alegria. Não vou me desmanchar em amabilidades e galanteios por causa daquelas pessoas *ricas* e *respeitadas* que compõem a maioria dos grupos reunidos. Entendo perfeitamente os motivos que as movem para praticar tais caridades generosas. Essas pessoas, saídas da ralé, e tendo enriquecido da agiotagem e derrocada de outros, isto é, do suor de trabalho e lágrimas dos russos – querem galgar a alta-roda para encobrir um passado duvidoso. O que é lastimável é que muitos se gabam de sua intimidade humilhante com esses aventureiros e rastejam diante deles; o que me choca são suas maneiras, seu tom, seu janotismo insosso. Essa sociedade não é para mim, ou melhor, não é uma sociedade à qual estou habituada e não vejo motivos que possam me obrigar a ficar de plantão direto na sala de estar deles, para render-lhes homenagem.

— Entre outros motivos de sua descortesia, que a senhora esqueceu de enumerar, temos: primeiro – uma parte de minhas visitas é israelense, o que a torna, evidentemente, indigna da companhia da princesa; e segundo – o ouro dessa nojenta "judia" paga o luxo da casa do príncipe, tendo-lhe dourado o brasão desbotado, permitindo que a princesa comece a dar ares de importância, ao invés de correr pelas aulas ou ter de trabalhar em algum escritório. E isso não a choca? – sussurrou mordazmente Zinaída.

Nina empalideceu e seus olhos faiscaram.

— O ouro dessa "judia" o meu pai pagou com seu nome e posição – uma recompensa mais do que suficiente por essa transação de compra-venda humilhante. Parece-me, todavia, que está na hora de parar com esta altercação; apenas gostaria de acrescentar que os flertes de seus parentes tornam a minha permanência em seu salão insuportável. Não quero que me persigam. A senhora me entendeu?

Zinaída riu secamente.

— Entendo e sei a quem a senhora está se referindo. Devo preveni-la: cuidado! Por seu desprezo aberto, seu pai poderá pagar com a vida. Os meus conterrâneos estão cheios da arrogância e do ódio imerecido por parte dos cristãos; estamos caminhando para a igualdade total dos direitos e todos que ousarem ou ficarem contra este movimento da libertação do povo oprimido serão varridos do caminho. Hoje em dia, uma bala ou bomba fazem justiça sumária com os inconvenientes ou reacionários. Assim, se a vida lhe é cara e a senhora quer seu pai em segurança, tome cuidado para não ferir o amor-próprio do homem tão sensível com a senhora. Cada ofensa sua será devolvida em dobro e não poderei fazer nada para protegê-la, pois dirão que eu encubro os agressores dos meus próximos.

Nina se levantou. Estava branca como o seu vestido de batista matinal. Então era assim que queriam assustá-la para sujeitá-la à vontade de outros? Aquela *Fúria* queria influir em seus atos, torná-la submissa e temente por conta da ameaça à vida de seu pai? E esse pesadelo continuaria a atormentá-la dia e noite.

— Finalmente a senhora tira a máscara – soltou-se de Nina. – Feito uma serpente a senhora invadiu a nossa casa, trazendo a desonra e a desgraça...

Crispando os punhos, com lágrimas na voz, ela balbuciou:

— Vovó! Você que foi a vítima desta víbora maldita, proteja-nos com suas orações...!

Neste instante, no quarto vizinho ouviram-se os passos do príncipe.

— Nenhum pio sobre a nossa discussão! – sibilou imperiosamente Zinaída Moisséevna, segurando o braço de Nina.

— Pelo contrário, ele deve ser prevenido de que lhe preparam uma bala ou bomba em caso de desobediência ao *"kâhâl* sagrado" – disse Nina, livrando-se com asco de sua mão.

O príncipe já estava no umbral da porta, olhando surpreso ora para a filha empalidecida, tremendo de nervoso, ora para a esposa, em cujo rosto se estampava ódio e inquietação.

— O que aconteceu aqui, Nina? Por que está tão nervosa? – perguntou o príncipe, irritado.

Uma luta renhida e violenta processava-se na alma de Nina. A raiva ordenava-lhe contar tudo abertamente, mas o amor ao pai continha-a e sussurrava que seria cruel de sua parte onerá-lo com novas preocupações, revelando-lhe que aquela mulher a chantageava com ameaças a ele. Ela atirou-se em seu pescoço, abraçou-o e desatou em lágrimas; em seguida desvencilhou-se de seus braços e retirou-se correndo.

O príncipe mediu a esposa com um olhar frio e desaprovador.

— Quantas vezes tenho de lhe dizer que não quero cenas entre você e Ninon. Exigi-lhe que a deixasse em paz e não constrangesse seus gostos, desejos ou hábitos. Não se esqueça de que os meus filhos lhe são estranhos e proíbo-a de fazer cenas e discussões. Lembre-se disso!

Ele deu as costas e saiu do quarto, sem esperar que ela dissesse algo; Zinaída deixou-se cair na cadeira. Seu rosto pálido e desfigurado e os olhos, que ardiam de ódio, respiravam raiva diabólica.

— Espere só! – pensou ela, contraindo os punhos. – Oh, você pagará caro por todos esses insultos! Seus filhos me são estranhos! Imagino a sua cara, quando souber o quanto me é "estranho" Arseny! Há-há! Que bela surpresa lhe prepara seu herdeiro! E essa espevitada Ninon será esposa de Enoch! Isso está tão certo como o sol que agora brilha. Juro em Seu nome, Jeová, grande Deus de meus ancestrais!

Depois deste choque com a madrasta, Nina passou a fazer o desjejum em seu quarto e a evitar ainda mais as reuniões "beneficentes" da princesa.

Lili retornou de sua viagem de núpcias e instalou-se numa bela casa, preparada por Zinaída Moisséevna, que recepcionou os recém-casados até com bandeja de pão e sal (18) e cercou-os de cuidados amáveis.

Gueorgui Nikititch e Nina perceberam, todavia, que Lili mudara muito. Estava descorada, emagreceu, ficou meditativa e pouco sociável – enquanto antes era uma alegre tagarela.

Certa manhã, quando Nina estava em seu *boudoir*, a camareira levou-lhe um bilhetinho, trazido por um menino. Ela abriu-o surpresa, e leu a mensagem de Lili; esta lhe implorava para marcar um dia em que ela pudesse vê-la, às escondidas, para um assunto importante.

"Venha agora" – respondeu-lhe Nina –, "o momento é oportuno, pois papai está viajando pela província e Zinaída Moisséevna está fora, visitando a casa de campo dos Brodelman. Estou sozinha; venha direto para meus aposentos!"

Nina ficou aguardando impaciente a vinda da prima, quebrando a cabeça para descobrir qual segredo ela poderia ter.

As primas se viam raramente, ainda que Lili freqüentasse inicialmente as reuniões da princesa e participasse dos bazares; depois, suas visitas tornaram-se menos assíduas.

— A felicidade tornou-a caseira – explicou Zinaída Moisséevna quando, certa vez, falou-se de Lili.

Nina via com outros olhos a "felicidade" da prima, ainda que nada comentasse. Mas, quando correu um boato sobre a falência da casa bancária "Blokher e Co", e Lili, depois disso, desapareceu, Nina compreendeu que as suas predições tinham se confirmado e que, se a prima ainda não estivesse totalmente arruinada, o fato lhe causara muito desgosto. Já fazia três meses que Nina não via Lili e imaginava que ela estivesse de mal dela e do pai, por eles não a visitarem, limitando-se a enviar cartões de visita.

---

(18) Tradição russa para dar boas-vindas. N. T.

Uma hora depois, Lili chegava esbaforida, trazendo uma trouxa volumosa nas mãos, que atirou junto com as luvas sobre o sofá e depois estendeu ambas as mãos para Nina. Esta olhou para ela assustada: quanto Lili havia emagrecido, como que por doença! Seus olhos estavam vermelhos e inchados de chorar; seus trajes eram simples e desleixados.

— Meu Deus! Olhe só o seu aspecto!

Essas palavras como que atingiram o coração de Lili. Ela cobriu o rosto e deixou-se cair na cadeira, desabando no pranto. Temendo um ataque nervoso, Nina deu-lhe algumas gotas de calmante e sentou-se ao lado.

— Entristece-me, infelizmente, que as minhas previsões tenham se realizado – disse Nina em tom meigo, quando a prima se acalmou um pouco. – Conte-me a verdade e eu farei o que puder.

Lili tentou dominar o tremor nervoso e as lágrimas que a sufocavam.

— Oh, Ninon, Ninon! Como eu fui cruelmente punida por não tê-la ouvido! Como sou infeliz!

— Que você é infeliz, isso é evidente; mas acalme-se e conte-me, pela ordem, o que lhe aconteceu depois do casamento.

— Oh, a decepção veio logo... Já durante a viagem, a minha vida íntima com aquele homem me deixou escandalizada; mas isso eu ainda conseguia suportar. Eu achava que ele me amava e que com tempo eu poderia reeducá-lo...

Lili suspirou e premeu a cabeça com as mãos.

– Mas sua incontinência crescia e, finalmente, afloraram todos seus hábitos mesquinhos; a partir da falência de Blokher, então, ele tirou sua máscara por completo, ao anunciar rispidamente que eu era uma pobretona. Não passa um dia sem que ele me jogue isso na cara ou me cubra de impropérios. Depois, em vista da minha pobreza, ele dispensou a minha camareira, o cozinheiro e o mordomo; só ficamos com duas criadas para tudo – simplesmente duas judias. E a nossa alimentação, meu Deus! Só comida judia: peixe com mel e açafrão, lavagens intragáveis ao invés de sopa, e alho e cebola em tudo. Argh! E quem cozinha é uma velha imunda, de peruca lisa. Desacostumei-me de almoçar decentemente e alimento-me às escondidas com o que tiver, enquanto ainda posso comprar alguma coisa. Ele não me dá dinheiro; quando não compra ele mesmo, manda as criadas comprarem. Não disponho de nada; sou simplesmente um móvel inútil em casa. E, ainda por cima: ele abre e lê todas as minhas cartas. Como ele é sujo e promíscuo! Se você visse com que roupa ele recebe as damas que vêm para tomar as aulas de canto: veste um *lapserdak* surrado e seboso, sapatos rasgados sem meias, cabelos desgrenhados e mãos imundas.

— E essas damas suportam este desleixo e desconsideração? – surpreendeu-se Nina.

Lili soltou uma gargalhada de desdém.

— Elas estão obcecadas na mesma loucura que eu tinha outrora; só vêem nele... "um artista divino"! Há-há-há! Certa vez eu chamei sua atenção e ele me disse, rindo: "Você acha que vou me enfeitar para você e seus *góis*?" Um tempo depois veio toda a família: mamãe, papai, três irmãos e duas irmãs; todos da ralé, principalmente os pais – verdadeiros farrapões de Berdichev. O velho – envergando longo *lapserdak*, com madeixas nas têmporas; os jovens com pretensões de se vestirem no grito da moda, de gravatas em cores berrantes, ou chapéus com um verdadeiro jardim de flores e frutas. Intrometidos e medonhos! No início, eles ficaram apalpando os móveis, os reposteiros, as toalhas de mesa, inclusive o meu vestido; tudo agora cheira a arenque e alho. Suas vozes esganiçadas e as galimatias de seu jargão ensurdeciam a casa, como as trombetas de Jericó; comiam com as mãos e escarravam nos pratos.

Pensei que iria enlouquecer durante as duas semanas que eles ficaram em casa; fiquei maior tempo trancada em meu quarto, alegando enxaqueca. Ele me chamou atenção, dizendo: "Desta vez eu a deixo ficar nervosa, quando vem minha família, pois você ainda não está acostumada; mas, no futuro, *exijo* – ele salientou – que você receba os meus familiares devidamente!"

— Ele é mais vil do que eu imaginava – indignou-se Nina.

— Isso não é nada em comparação com o que ele fez!

Lili tremia febricitante e fez uma pausa.

— Havia muito tempo que eu morria de curiosidade para saber o que ele fazia trancafiado em seu gabinete às sextas-feiras e, por vezes, em outros dias. Então, cerca de um mês atrás, eu me esgueirei até a porta e olhei pelo buraco da fechadura. Pode imaginar o que eu vi? Envolvendo-se num pano branco comprido, com listras pretas – é o manto deles, imagino – e tendo atado à testa, com uma tira, um estojo com dez mandamentos, ele, mudando de pé, balbuciava orações. Aquele zumbido, que já tinha ouvido antes, eu não sabia explicar. Fiquei aturdida e soltei um ai de horror; ele abriu imediatamente a porta e, ao me ver, ficou possesso. Agarrando-me pelo braço, ele me sacudiu com tanta força, que fiquei com medo de ter torcido ou quebrado o braço. "Espiã! *Góia* maldita!" – gritava ele. De outros impropérios já me esqueci; fiquei tão passada que só consegui dizer:

— Você se batizou, mas reza à moda judia!

"Que idiota você deve ser ao acreditar que eu realmente repudiaria a fé dos meus antepassados! Basta a comédia que representei no batismo, para me casar com você" – respondeu ele, rindo, e adicionou em tom mordaz: "Cuidado em soltar a língua sobre o que viu aqui. Pagará caro se fizer isso!"

— Que horror! Você precisa se divorciar desse monstro – anunciou decididamente Nina.

— Ele me mata antes disso. Deixe-me contar o resto – prosseguiu Lili, enxugando a testa molhada. – A partir daquela descoberta, comecei a observar nele certa hostilidade e desejo de me insultar. Anteontem, sábado à noite, quando fui acender as lâmpadas diante dos ícones, ele entrou no dormitório e aparentemente isso lhe deu ensejo para descontar em mim todo o seu ódio. Sem qualquer motivo, enfureceu-se, arrancou das minhas mãos as lâmpadas e as quebrou no chão; em seguida, ele arrancou da parede as correntes que suportavam os dois outros ícones.

Fora de mim, eu me atirei sobre ele para tirar os ícones de minha mãe e aquele com que me abençoaram no casamento. Então ele me desferiu um soco tão forte, que eu cambaleei e desfaleci. Quando recuperei os sentidos, vi que no canto da parede, onde estavam os caixilhos, foi pregada uma prateleira e nela jazia a estátua de Mefistófeles. Não vi mais os ícones, mas a velha Rokha, a cozinheira, disse que o amo os mandou guardar no sótão, onde ficam as cestas de roupa e diversas bugigangas. Subi correndo ao sótão, mas encontrei só os caixilhos; das imagens, foram tiradas suas ricas guarnições. Comecei a chorar, pus-me de joelhos e implorei aos santos perdoarem aquela profanação; sinto, porém, que todos os meus sofrimentos são um castigo celeste por ter-me atado ao inimigo de tudo o que me é caro e sagrado... À noite, ao ver os meus olhos vermelhos e inchados, ele me falou entre os dentes:

"Poupe-me, por favor, dessa cara feia. Se quiser, pode fazer no sótão até uma capela; ele está vazio e tem muita luz. O ouro e as pedrarias são desnecessários para aqueles santos que você venera; eu os confisquei..."

Nina ouvia calada e até chorou. Ela sentia uma grande pena da pobre Lili e não tinha forças para repreendê-la.

— Você deveria tentar obter um divórcio. Quer que eu escreva uma carta à tia Sônia? Ela, sem dúvida, a aceitará de volta.

Lili meneou a cabeça negativamente.

— Isso é trabalho inútil – afirmou em tom cansado. – Ele disse que me mata, se eu ousar pedir divórcio. Não, não!

Por enquanto não posso fazer nada. Escute agora qual foi o motivo principal de minha visita.

Ela se levantou e desatou a trouxa no sofá, de onde retirou alguns embrulhos e pacotes.

— Ele tirou de mim muitos objetos preciosos: o relógio Luis XVI, que ficava no meu *boudoir,* e diversas joias, perfazendo uns cinco ou seis mil; assim, eu trouxe um porta-jóias de esmeraldas que me deu a tia Sônia, as pérolas de minha mãe, com o medalhão de safira, que custam cerca de dez mil, um adorno de turquesa, alguns anéis, broches e braceletes. Esconda-os com você, querida Nina, e, quando estiver em Petersburgo, coloque-os no banco estatal. Isso poderá servir de amparo para um dia negro; depois, aos poucos, vou trazendo outros objetos valiosos.

Nina prometeu guardar tudo e após confabularem à vontade as primas se despediram.

Ao ficar sozinha, Nina apoiou os cotovelos na mesa, repousou a cabeça nas mãos e pôs-se a meditar; um sentimento indescritível de medo, quase pavor, comprimiu-lhe o coração. A rede invisível em que se debatia Lili, ela sentia instintivamente, ia enredando também sua família. Um bando de inimigos e traidores cercara também o seu pai, esperando por seu fim; a alma de Arseny, da mesma forma, passava por uma transformação fatídica e misteriosa, cujas causas ela desconhecia, mas, nelas, Zinaída sem dúvida estava envolvida – esse gênio do mal de sua família; finalmente, o seu próprio destino era motivo de inquietação.

Nina estava ciente da obstinada e violenta paixão que provocava em Enoch e, apesar de sua aparente discrição, sentia que ele acompanhava todos os seus movimentos; não raro, ela percebia em seus olhos uma expressão que lhe instalava repulsa e pavor. Ultimamente Enoch se tornara ainda mais insuportável, pois um novo sentimento, ainda que impreciso, mas vivaz, germinava na alma de Nina em relação a um novo visitante, assíduo de sua casa.

Este visitante era um funcionário recém-nomeado para serviços especiais do pai – Kirill Pavlovitch Aliablev – um jovem de trinta anos, de uma antiga e nobre família, bem de vida, um homem educado, evoluído e com ampla formação. Gueorgui Nikititch imediatamente valorizou o seu caráter empreendedor e a capacidade administrativa, sobretudo sua honestidade e fidelidade aos princípios nacionais monárquicos. O príncipe até ficou seu amigo e o trazia freqüentemente para desjejuarem ou almoçarem juntos.

Logo um relacionamento de amizade se estabeleceu entre Nina e Aliablev. Seus gostos coincidiam; ambos apreciavam música e canto, interessavam-se por literatura e mesmo as convicções políticas eram semelhantes, de modo que não era de se estranhar que os dois se afinizassem.

Zinaída Moisséevna percebeu, naturalmente, aquela aproximação que não era de seu agrado; alertada por Enoch, que morria de ciúmes, ela começou a vigiar melhor a sua enteada.

Nina indignava-se e ficava furiosa ao interceptar em si e em Aliablev o olhar maldosos da madrasta; toda aquela vigilância a deixava possessa. Por vezes, ela tinha a impressão de que aqueles dois inimigos, Enoch e Zinaída, pairavam como dois abutres sobre sua família, esperando pela oportunidade para cravarem em seus corpos e almas as garras afiadas.

Todos esses pensamentos assaltavam a cabeça de Nina enquanto ela estava sentada, ou pensando também em Lili. Mesmo sua própria sina parecia-lhe tenebrosa, feito nuvens de tempestade. Ela procurava, sem encontrar, uma saída daquele escuro labirinto; mas, sendo cristã convicta, apelava à proteção divina, àquela força invisível e poderosa que orienta os destinos dos homens. Prostrando-se de joelhos diante das imagens, uma oração ardorosa devolveu a paz à sua alma padecente.

Capítulo IX

O tempo na cidade passava enfadonho e monótono. A atmosfera política estava tensa, as notícias do teatro da guerra eram desanimadoras e qualquer esperança de vitória que pudesse mitigar o amor-próprio profundamente ferido era, pelo visto, perdida definitivamente. Pelo contrário, os inimigos, externos e internos, privados de consciência nacional e moral, cantavam insolentes a vitória. O Governo parecia não mais existir e não se contrapunha ao furacão de loucura e destruição que tomava conta do país, ameaçando desmembrar e, por fim, aniquilar o enorme Estado.

Na casa do príncipe Pronsky, nada parecia mudado. Gueorgui Nikititch prosseguia com sua luta inglória contra os traidores que o cercavam; mas a resistência de sua parte ia-se enfraquecendo e mesmo a saúde dele ficara abalada depois de tanta peleja incansável e tensa.

No fim de fevereiro, Arseny foi transferido para Slavgorod como ajudante-de-ordens do comandante do corpo do exército e instalou-se temporariamente na casa do pai. Zinaída

Moisséevna não perdeu a oportunidade de restabelecer as suas relações. O jovem príncipe estava sombrio e nervoso; seu caráter mudou tanto, que até seu pai notou; mas Arseny pôs a culpa daquele seu mau humor na política e começou a disfarçar melhor o seu aborrecimento.

Nina parecia viver num pesadelo, temendo que algo acontecesse com pai ou o irmão. Ela tinha conhecimento de que Gueorgui Nikititch recebia numerosas cartas ameaçadoras; Zinaída, além disso, deu a entender claramente que Arseny pagaria com a cabeça pelo desapreço que sua irmã mostrava a tudo que se referia ao judaismo, sem falar do tratamento injusto e grosseiro que ela dispensava a Enoch, seu primo, e que, de qualquer forma, era seu parente próximo.

A pobre Lili pagava cruelmente por seu arrebatamento insano. Leizer inibia-se cada vez menos com a esposa e, ainda que se contivesse das "corretivas" mais convincentes, seu punho pesado e ameaçador freqüentava assiduamente embaixo de seu nariz, e os braços da coitada estavam decorados com muitos hematomas, depois de ter ele sacudido a esposa para incutir-lhe mais convicção no obedecimento de suas determinações. Uma cena deveras violenta aconteceu com o casal, depois que Leizer vendeu a carruagem com os cavalos, dizendo que pobres não andam em veículos. Na maioria das vezes, Lili se calava sobre os problemas de sua vida conjugal; teimosa, mas pusilânime e limitada, ela temia o monstro que tomou voluntariamente por marido. Assim, só num momento de desespero e arrebatamento resolvera abrir-se com Nina. A partir de então, Lili às vezes visitava a princesa, trazendo-lhe para guardar objetos de valor, que conseguia subtrair clandestinamente da casa; almoçava com a prima e, agradecida, aceitava de Nina tanto algum dinheiro para gastos miúdos, como alguma provisão para se livrar por algum tempo da arte culinária judaica.

Chegou a primavera e Lili morria de vontade de viajar para a Criméia por algumas semanas, a fim de aproveitar o sol e o calor. Isso lhe permitiria descansar do marido, tanto mais que Leizer anunciou a visita de suas duas irmãs para passarem algum tempo ali. Ao desejo de sua esposa, ele recusou categoricamente, exigindo que ela ficasse para introduzir as irmãs na sociedade e saísse todo o tempo com elas.

— Considero uma afronta pessoal sua intenção insolente de viajar justamente quando virão Enta e Rebeca – disse ele, lançando-lhe um olhar ameaçador.

Depois de alguns dias dessa cena, Leizer convidou dois amigos seus, de Podólia, cuja falta de modos e gíria germano-polonesa melindravam e irritavam Lili; seu consorte, que a chamava de Lia e dizia toda hora para ela servir os convidados, fazia-a perder a paciência, a custo mantida.

A conversa tocou, evidentemente, os negócios e Leizer observou, suspirando:

— Ah, Gendel, fiz um mau negócio casando com essa pobre baronesa que ainda há de me arruinar com os seus queixumes. Já devia tê-la largado faz tempo, mas sou demasiadamente magnânimo para colocá-la no olho da rua. Eu a sustento com meu parco dinheiro de trabalho.

As ilustres visitas responderam com um chiste de mau gosto. Lili então ficou vermelha feito pimentão, levantou-se da mesa e quis retirar-se; mas o marido agarrou-a pelo braço e a fez sentar-se de novo.

— *Sitzen-bleiben, du Gans*! (19) – gritou ele, furioso. Ou a nossa companhia não agrada a *lumpen Princessin*?

Desta vez a paciência da pobre se esgotou. Fora de si, ela se desvencilhou das mãos ensebadas do marido (ele acabara de mastigar uma coxa de ganso) e, sufocando-se, gritou:

---

(19) Sente-se, sua gansa. N. A.

— Seu sórdido! Não se esqueça com quem está falando!

Simultaneamente uma pesada bofetada alcançou a face de Leizer, lustrosa de obesidade, desequilibrando-o e quase o derrubando no chão.

— Ai-ai-ai! – berraram os dois judeus, levantando as mãos para cima. – Que tempos estamos vivendo! Uma mulher, uma *góia*, ousa levantar a mão para seu marido! Será vergonha sua, Leizer, se você admitir isso.

Sem dar atenção aos berros, Lili deu as costas e correu da sala; mal ela dera alguns passos e Leizer, num salto, alcançou-a, agarrou com suas mãos imundas os cabelos, derrubou-a no chão e cobriu-a com uma chuva de socos.

Os amigos lançaram-se para ajudá-lo. Os beliscões e as pancadas, acompanhados por palavras obscenas, cobriram a pobrezinha estendida no chão e coberta do sangue que escorria profusamente de sua boca e nariz. Os gritos de Lili ouviam-se por toda a casa.

Não se poderia prever a duração daquela "execução", se o velho Khaim não pusesse um término àquilo, dizendo:

— Como primeira lição, já é bastante, ela não a esquecerá tão cedo. Mas aconselho-lhe, Leizer, que se ela fizer isso de novo, pegue um feixe de rosas e dê tanto em sua nobre esposa, que ela se curará definitivamente de não obedecer ao seu amo.

Enquanto tudo isso ocorria no refeitório, na cozinha uma costureira, que trouxera uma encomenda, esperava os "senhores" terminarem de almoçar.

Quando os gritos desesperados de Lili chegaram até lá, a velha e gorda cozinheira Rokha observou maledicente:

— Está ouvindo, Freida, como o patrão ensina à baronesa a ordem e o respeito?

As judias escangalharam-se em riso de desdém mordaz; a costureira, assustada, apressou-se em voltar para casa.

Ela ficou aterrorizada e pesarosa; seus olhos estavam úmidos de lágrimas. Quando, já em casa, ela contou o que tinha ouvido, seu marido, Anton Khlopin, um soldado mutilado aposentado, ficou furioso.

— Vá correndo até Vassilissa Antipovna e conte-lhe o que aconteceu. Só faltava essa: espancarem a sobrinha do governador!

— Estou com medo, Antocha, que descubram isso e se vinguem de nós mais tarde.

— Não importa! Vá rápido, Fênia, estou mandando! Por acaso você não carrega uma cruz no pescoço? Ou se esqueceu de como Lídia Antonovna sempre foi boa conosco? Ela nos tirou da miséria, arrumou um bom emprego para mim na casa do governador, e a princesa colocou os nossos filhos no orfanato e me manda sempre os remédios. E você se esquece disso por medo? Vá, vá! Não perca tempo!

Fênia dirigiu-se obediente à casa do governador, que não ficava longe de sua casinha e, uns dez minutos depois, Vassilissa Antipovna foi colocada a par de tudo o que aconteceu na casa de Itselzen.

A boa velha, que conhecia Lili praticamente desde o dia de seu nascimento, até persignou-se de horror.

— Precisamos informar Ninuchka – observou ela e, apressadamente, tanto quanto lhe permitiam as velhas pernas, foi ao quarto da princesa.

Nina ficou pasma ao ouvir o relato da aia e mandou atrelar a carruagem. Felizmente, o príncipe acabara de chegar e ela aproveitou o carro dele. Ela levou consigo a sua dama de companhia e um criado, ao qual ordenou ficar no vestíbulo para vir acudir ao primeiro chamado.

O anfitrião com os amigos estava ainda à mesa, servindo-se de sobremesa e licores. Uma forte campainha na porta de entrada surpreendeu e irritou Leizer; ele já se preparava para chamar Freida para ela ver quem estava tocando, quando entrou Nina.

Leizer saltou da cadeira, constrangido por não estar vestido de acordo. Essa visita era-lhe particularmente desagradável, pois Nina veria Lili naquele estado. Ele tentou segurar a princesa, dizendo que ela não estava em casa; mas Nina parecia não ouvi-lo. Ela mediu com desprezo indisfarçável a figura imunda e desalinhada do cantor e dirigiu-se diretamente ao dormitório, de onde se ouviam gemidos surdos.

Lili jazia na cama num semi-esquecimento e era irreconhecível. Seu rosto inchado estava coberto de hematomas e equimoses; a blusa branca de batista estava cheia de sangue e a manga rasgada desnudava o braço contundido.

No início Nina estacou de pasmo e, depois, correu para a prima e pôs-se a chorar.

— Pobre Lili, o que lhe fizeram?!...

— Meu Deus, a baronesa está sem sentidos! Precisamos chamar um médico – alarmou-se a dama de companhia – *madame* Elisa.

Apesar de estar abalada emocionalmente pelo aspecto de Lili, Nina recompôs-se e foi ao *boudoir*, onde escreveu um bilhete ao pai, em que resumiu o acontecido e o estado da infeliz, pedindo enviar imediatamente um médico com uma auxiliar de enfermeira. "Até que ela chegue, vou cuidar pessoalmente de Lili. Acho que agora, papai, nós não podemos mais ficar bravos com a infeliz: a desventura vingou-se dela suficientemente".

Ao terminar a carta, estava prestes a expedir as ordens para mandá-la, quando Leizer entrou no quarto. Ele havia se lavado, penteado e tinha o aspecto de uma pessoa decente. Com o servilismo que lhe era inerente, aproximou-se da princesa e saudou-a.

— Fico constrangido, Vossa Alteza, que a visita com que a senhora me honra se tenha dado num momento tão inoportuno. Hoje eu tive uma discussão muito desagradável com minha esposa que, com seu caráter impossível, chegou a ponto de me brindar com uma bofetada. Reconheço que essa atitude me deixou alterado e, talvez, eu tenha exagerado no modo de acalmá-la. Vou pedir imediatamente a vinda do médico Ferkel, assim a senhora poderá ficar tranqüila quanto às conseqüências do nosso desentendimento que, aliás, não interessa a ninguém, pois os estranhos não devem interferir em assuntos familiares – concluiu ele em tom de decepção na voz.

Nina não respondeu à sua reverência e ouviu-o calada.

— O senhor está muito enganado ao considerar como um simples desentendimento familiar o espancamento e tortura da sobrinha do príncipe Pronsky. Não é o seu Ferkel, mas o médico do meu pai que virá estabelecer o tipo de sua "discussão" e se ela não está sujeita à responsabilidade criminal pela mutilação. Isso decidirá o meu pai e, até que chegue o médico, ficarei junto com a vítima; peço-lhe não perturbá-la com a sua presença.

Leizer franziu o sobrolho, mas segurou-se para não dar uma resposta ríspida e vulgar. Ele começou a compreender que passara dos limites do permitido e que a questão poderia ter conseqüências muito desagradáveis.

Furioso, ele foi ao gabinete, onde o aguardavam os amigos, e com eles se pôs a discutir os acontecimentos.

Aguardando o médico, Nina e *madame* Elisa quiseram despir e deitar Lili, que ardia feito carvão incandescido e não reconhecia ninguém; mas a infeliz não deixava ninguém tocar nela, começava a gritar e gemer ao menor contato para lhe tirarem a blusa. Nina e a francesa estavam desesperadas, sem saberem o que fazer; mas, para consolo das duas, chegou o médico, trazendo uma irmã de caridade. Com ajuda dela, o médico iniciou um exame detalhado da enferma e encontrou uma luxação no braço, dois ferimentos na cabeça, de onde também tinham sido arrancados dois chumaços de cabelo, sem contar os hematomas, as equimoses, provavelmente causados por saltos de botas. Em conclusão, o médico anunciou que devido ao terrível abalo e estado febril não se excluiria uma febre nervosa.

Finalmente o braço foi posto no lugar, as compressas e os emplastros aplicados, e Lili, após receber um calmante, recuperou os sentidos; lágrimas amargas jorraram de seus olhos.

O médico já se preparava para ir embora, quando chegou o príncipe, abatido e alarmado; sua perturbação aumentou, ao curvar-se sobre Lili e ser reconhecido por ela.

— Tio Jorge, salve-me! – balbuciou ela, premendo aos seus lábios a mão dele.

— Minha pobre criança! Farei o possível para protegê-la no futuro; agora acalme-se! Meu médico irá tratá-la e a irmã, pessoa de minha confiança, cuidará de você; além disso, eu e Nina viremos para visitá-la e você pode ficar tranqüila: você não será mais maltratada.

Depois de pedir que o médico redigisse um laudo sobre o estado e aspecto da vítima, assinado pela irmã de caridade e *mademoiselle* Robin, o príncipe foi ao gabinete do dono da casa.

Leizer estava sozinho. Ainda que tivesse visto o príncipe chegar, não ousou recebê-lo. Com a entrada de Gueorgui Nikititch, ele empalideceu e levantou-se agitado; ao interceptar o olhar severo e irado do príncipe, ele até se encolheu.

— Eu quero, senhor Itselzon, receber uma explicação daquilo que aconteceu. Ou o senhor imagina que tem o direito de torturar tão cruelmente sua esposa que, embora tenha sido uma tola em desposar um homem como o senhor, continua sendo uma mulher de boa família e está acostumada a tratos respeitosos. Aqui está o que foi confirmado pelo laudo.

E ele leu o texto em voz trêmula. Todo o seu orgulho se revoltava ao pensar que um membro de sua família fora humilhado por um imundo.

— E então, o que o senhor tem a dizer quanto a este documento? – inquiriu o príncipe, irado. – Talvez em seus guetos seja normal torcer os braços e pisotear as costelas de mulheres; mas em nossa sociedade tal selvajaria é punida pela lei e, se eu levar o assunto adiante, isso lhe custará muito caro.

Leizer que o ouvia com aspecto abatido, como um cão surrado e rabo contraído debaixo das patas, saltitou com as últimas palavras.

— Alteza, o senhor não irá querer expor ao escândalo a minha esposa e a mim, divulgando um desentendimento familiar, do qual me arrependo sinceramente e tentarei reparar. Lili é muito explosiva e, para justificar o meu ato, devo chamar sua atenção para o fato de ter ela me ultrajado diante de meus conterrâneos, não com palavras, mas batendo no meu rosto. Esse insulto me fez perder a paciência e a razão... Estou consciente e muito amargurado pelo que houve, mas suplico-lhe, Alteza, não arruine o nosso futuro. Lili me ama, eu a adoro e suplicarei de joelhos o seu perdão. Espero acertar tudo e fazer as pazes.

— E quem garante que numa primeira oportunidade o senhor não se esqueça de estar tratando com uma mulher de boa família, que lhe deu a honra de desposá-lo, e não com uma escrava?

— Minha palavra de honra!

O príncipe esboçou um sorriso de sarcasmo.

— Garantias não muito seguras, Lev Mendelevitch. O senhor se esquece de que, apesar de seu dever de "pessoa honrada", não soube preservar o patrimônio da esposa, deixou-a arruinada com suas especulações obscuras... Ainda assim, também não gostaria de envolver no processo minha infeliz sobrinha, de modo que estou disposto a me calar desta vez. Mas lembre-se: ao primeiro sinal de uma grosseria, agirei sem constrangimento. Por enquanto, exijo que o meu médico e a irmã de caridade cuidem de sua vítima, a quem o senhor terá de dispensar a atenção que sua origem merece. Quanto aos gastos do tratamento, eu os assumo e eles não serão um ônus do... "fruto de seu trabalho".

Sem esperar por resposta, o príncipe deu as costas e saiu, deixando o ilustre Leizer preocupado.

As coisas tinham tomado um rumo desagradável e ele vituperava com impropérios Khaim e Gendel, que o haviam instigado contra a esposa.

Nina foi embora com o pai. Triste e inquieta, ela perscrutava com o olhar o príncipe, que parecia sombrio, mais preocupado e nervoso do que habitualmente.

De fato, para Gueorgui Nikititch o dia foi assaz difícil. Além do episódio revoltante com Lili, ele teve uma conversa desagradável com o vice-governador, que mudou suas ordens de modo diametralmente oposto; suas maneiras insolentes de se portar, apesar da polidez externa, apontavam que ele tinha apoio "de cima".

O príncipe sabia que o alemão tinha seus contatos sólidos, além de ser apoiado por judeus, a quem se vendera havia muito tempo com o corpo e a alma. Por vezes, o príncipe era assaltado por desespero completo; ele se sentia vendido naquele círculo de traidores, impelido pelo furacão revolucionário a aniquilar a pátria. Quanto a ele em particular, sobejavam dezenas de cartas anônimas e artigos agressivos na imprensa clandestina, onde, sem qualquer pejo, dizia-se que, se o príncipe ousasse reprimir o movimento "libertador", seria varrido do caminho como "inimigo do povo" e "estorvo à liberdade". Mas não era a morte que assustava o príncipe. Ele queria viver pelos filhos, cujo futuro o atemorizava, e sabia que as ameaças não eram falsas, prova disso eram os espancamentos em massa dos patriotas.

Ainda há poucos dias, um chefe do posto local de polícia, homem bom e servidor cioso, em quem se podia confiar, foi violentamente morto por uma bomba que lhe decepou as duas pernas e feriu seriamente sua filha de cerca de doze anos que ia com o pai à igreja. O assassino foi agarrado pelos passantes após uma resistência ferrenha, que custou a vida de algumas pessoas, e toda a rua foi coberta de feridos. O mais revoltante é que o criminoso se evadiu na mesma noite em que foi preso e os detalhes da fuga não deixavam uma sombra de dúvida de que a polícia e, talvez, o próprio comandante, estavam envolvidos. O paradeiro do patife, é claro, não foi investigado.

Sobre esses e outros acontecimentos, não menos extraordinários, matutava o príncipe e sua alma fervia de fúria e indignação.

Como que sentindo o mau humor involuntário do pai, Nina pegou-lhe a mão e levou-a aos lábios; emocionado pela carícia da filha, o príncipe abraçou-a fortemente.

Quando os dois voltaram para casa, o almoço já estava servido e Zinaída Moisséevna esperava por eles impaciente.

— Meu Deus, Jorge, o que aconteceu na casa de Lev Mendelevitch, para os dois desembestarem lá feito uma bala? Eu não entendi nada da conversa tola de Procófy e Vassilissa – disse a princesa, morta de curiosidade.

O rosto sóbrio do príncipe enrubesceu de imediato. A fúria, o ódio e a indignação que lhe ferviam na alma, romperam-se subitamente, sobrepujando os limites de comedimento e frieza de sangue.

— Aconteceu que aquele... ousou bater na esposa. Ele se esqueceu, esse... miserável, com quem está tratando!

A princesa empalideceu ao sentir o ódio que soava na voz do marido e o desprezo em seu olhar. Ademais, ele falava em russo na presença das pessoas, entre as quais havia Procófy – e só esse fato era afrontoso.

— Não compreendo nada desses seus impropérios – vociferou ela, com os lábios tremelicando de ódio –, mas suponho que o jovem casal tivera algum pequeno desentendimento, transformado por vocês num enorme escândalo. Lev Mendelevitch é um homem demasiadamente educado e intelectual para permitir-se alguma grosseria.

O príncipe soltou uma sonora gargalhada.

— Leizer, homem demasiadamente educado e intelectual? Há-há-há! Gostaria de saber onde ele foi educado e aprendeu suas boas maneiras? Não será na feira de rua, onde seus pais têm uma banca de velhas bugigangas? Ou será com o seu avô, perambulando nas ruelas e arrematando peles de cães, gatos e outras carniças? Você deve estar me gozando ao falar essas asneiras. Tudo bem: essa idiota da Lili achou o que estava procurando! Quando uma moça decente e de boa família se casa com um arruaceiro, ele pode surrá-la diariamente por merecimento.

— Peço-lhe moderar o tom de sua voz e as agressões em minha presença – balbuciou Zinaída Moisséevna, cujo rosto se cobriu com manchas vermelhas.

— É melhor você aconselhar os *seus* para moderarem as agressões e portarem-se com mais cuidado. A paciência do nosso povo tem também seus limites.

O príncipe atirou o guardanapo, empurrou a mesa e saiu do refeitório, sem acabar de almoçar.

As damas também se levantaram; Zinaída Moisséevna, agarrando a enteada pelo braço, levou-a ao seu *boudoir*.

— Pelo amor de Deus, Ninon, conte-me o que houve! Não dá para conversar com Jorge.

— Aconselho, Zinaída Moisséevna, que verifique pessoalmente como Leizer trata a esposa. Talvez ele ainda esteja festejando com seus amigos, tão "intelectuais" e "educados" como ele. Tirei uma grande lição da minha visita de hoje à casa do senhor Itselzon. Tive a oportunidade de vê-lo em seu encantador traje matinal. Oh, jamais vi nada igual na vida! Calçados rasgados, meias para fora, o *lapserdak* ensebado e, por baixo... Argh, que nojo! De qualquer forma foi bom saber como vivem os digníssimos filhos de Israel em seus lares, despojados do fraque, da gravata branca e da máscara de alguém de alta-roda. Estou imaginando agora como deve ser encantador nesse traje "caseiro" o seu belo e irresistível Enoch Danilovitch!

Nina soltou uma risada e saiu do quarto.

Acabrunhada e furiosa, Zinaída Moisséevna pôs-se a pensar. Ela estava começando a entender que acontecera, de fato, algo extraordinário. Mas suas reflexões duraram pouco e, ordenando trazerem-lhe a carruagem, ela dirigiu-se diretamente à casa de Enoch, chamando-o por um bilhetinho para a recepção do prédio.

O banqueiro estava em casa e desceu imediatamente. A prima narrou-lhe sobre o acontecimento e as palavras de Nina.

— Tenho muito medo que aquele idiota provoque um escândalo difícil de apagar. O pior é que ele prejudicou bastante a sua imagem frente a Nina – concluiu a princesa, irada.

Aronstein cobriu-se de rubor ao ouvir as afrontas de Nina à sua pessoa e seus olhos negros fulgiram lúgubres.

— Canalha! Leizer pagará por seus atos escandalosos! – resmungou ele. – Espere-me, Zina! Vou pegar meu chapéu e vamos à casa dele. Precisamos saber o que aconteceu realmente.

Ao chegarem lá, Zinaída Moisséevna foi direto para o dormitório, fracamente iluminado por abajur, e curvou-se meigamente sobre Lili; mas esta não a reconheceu. Febricitante, ela se agitava no leito, soltando palavras desconexas que aparentemente diziam respeito à cena indigna, vivida com o marido. A cabeça e o braço atados e os sinais de pancadas que variegavam o rosto eram uma prova irrefutável da crueldade de Leizer e provocaram ira na alma da princesa. Associada na dor, ela inquiriu a irmã de caridade, prometeu cuidar da enferma e depois foi à cozinha, onde Rokha e Freida sussurravam entre si, amedrontadas.

A princesa submeteu-as a um interrogatório severo.

— Vocês ouviram Leizer espancando a esposa? Vocês não viram que aqui estava enfurnada uma *góia* que poderia espalhar fofocas pela cidade inteira? No entanto, vocês ficaram aí abanando as orelhas ao invés de apartar a briga e acabar com a imundície! Ao que me consta, vocês ganham dinheiro para me informar como Leizer trata a esposa, a fim de que ele não se permita qualquer grosseria. Sabe lá o diabo o que aconteceu aqui e vocês, ao menos, me informaram?

Paf, paf! E algumas boas bofetadas arrancaram a peruca da cabeça de Rokha e tingiram de coloração rubra as faces de Freida. Mas nem uma nem outra emitiram algum som e deixaram-se bater, abaixando submissas as cabeças.

Possessa, Zinaída Moisséevna foi ao gabinete de Leizer, onde já estava Enoch.

Pelo visto ali se passara uma explicação tempestiva. Aronstein estava de pé, pálido feito cadáver; ele tremia todo e seus dentes batiam como que em febre. O rosto de Leizer ardia, os cabelos estavam desgrenhados, cara abatida como a de quem sofrera uma humilhação, perfilado submisso diante do rico e imperioso correligionário.

Após ouvir o relato de Zinaída Moisséevna, Enoch deixou-se cair na poltrona; mas essa inércia durou pouco. Tremendo de ódio, ele novamente se lançou sobre Leizer, sacudindo os punhos.

— Seu porco infame! Como você ousou não só bater nela pessoalmente, mas ainda permitiu que estranhos a chutassem? Você não recebeu ordens de tratá-la como a uma ilustre visita: sempre decentemente trajado, carinhoso, gentil, para que sua esposa lhe entoasse loas e se considerasse a mais ditosa das mulheres? E você, seu porco, ao invés disso, perambula pela casa sujo, esfarrapado, de ceroulas caindo, chinelos rasgados, *lapserdak* ensebado, cheirando a alho a um quilômetro de distância. Sinto nojo só de vê-lo... Mas deixe estar! O rabino vai apurar tudo e lhe prescrever uma corretiva. Você vai comigo até a casa dele!

Ao ouvir falar do rabino, Leizer empalideceu feito pano branco, mas vestiu em silêncio o paletó e saiu junto com Aronstein.

Zinaída Moisséevna disse que ficaria para cuidar da enferma.

O rabino era um também um padeiro, velho muito rico e de aspecto severo. Com Aronstein, pelo visto, ele tinha um ótimo relacionamento e ouviu seu relato com reprovação indisfarçada.

— O que você estava pensando, idiota, desrespeitando as ordens dadas? – inquiriu ele, fitando Leizer com olhar severo. Para que você acha que *kâhâl* gastou tanto dinheiro ao fazer de você um artista? Quanto foi investido em publicidade para que você fosse considerado um dos melhores? Deixaram que você se batizasse para casar com uma moça rica de *góis* e servisse à consecução do plano, cujos projetos você nem sequer compreende. Nunca se esqueça: da mesma forma como você foi alçado, poderá ser aniquilado, e isso certamente lhe acontecerá, caso você ousar desobedecer-nos. Nós desendeusaremos seus dons da mesma forma que os consagramos e as suas manobras com o dinheiro da esposa tornaremos públicas. Nós o arruinaremos e esmagaremos...!

Aterrorizado, totalmente abatido, Leizer, com lágrimas nos olhos, pediu perdão, prometendo obedecer cegamente ao que ordenasse o "sagrado" *kâhâl.*

O rabino relutou em aceitar o perdão, remocando severamente Leizer por seus pecados. Finalmente, ele amoleceu parcialmente, ou seja: prometeu não destruí-lo; mas, para que este nunca esquecesse de sua falta, sentenciou-o à seguinte punição:

No dia vindouro, Leizer deveria depositar mil rublos na caixa beneficente do *kâhâl*; segundo: jejuar durante um mês em casa, alimentando-se só de um arenque e meio quilo de pão por dia, água – à vontade, ao mesmo tempo ele se comprometia a pagar dez rublos por dia de multa; terceiro: ele deveria... impreterivelmente, explicar-se com Mayer – guardião e "executor" da sinagoga.

Enoch expressou o desejo de acompanhar o rabino e o faltoso ao porão, onde Leizer recebeu trinta chibatadas, com ordem expressa de suportar o castigo sem um pio, se não quisesse apanhar em dobro. Não resta dúvida, ele jurou por toda a vida não se atrever a uma fúria inoportuna.

Khaim e Gendel, por terem metido seu bedelho em assuntos de família estranha, foram condenados, cada um, ao pagamento de 100 rublos de multa, reclusão de três dias no porão a pão e água, e dez chibatadas.

O tempo que se seguiu na família do príncipe foi bastante monótono.

Todos pareciam viver sob opressão. Somente Zinaída Moisséevna continuava a organizar bazares e serões beneficentes e perambulava pelos hospitais e abrigos em busca da popularidade.

A recuperação de Lili estendeu-se por quase dois meses; mesmo já levantada, ela se sentia fraca, nervosa, sofria de dor de cabeça e não conseguia se restabelecer por completo. Seu caráter também mudou muito e no rosto pálido, magro, casmurro e meditativo da mulher, era difícil reconhecer a outrora tagarela e cheia de vida Lili.

As medidas corretivas do rabino fizeram de Leizer uma seda. Ele teve uma cena emocionante e patética com a esposa: suplicou-lhe o perdão e jurou reprimir no futuro o seu caráter impetuoso, que o levou àquela crueldade desatinada, que ele estava pronto a remir com o próprio sangue.

Mas Lili respondeu aos seus extravasamentos de amor e arrependimento com indiferença ímpar, sem perceber, parecia, os amáveis e meigos cuidados do marido e sem dar importância à bela carruagem adquirida, à nova criada contratada e até ao invariavelmente decente traje do cantor. Tal insensibilidade, aguçada ainda mais por sua insistência em evitar-lhe a companhia, deixava Leizer possesso e, se não fosse o medo do rabino, ele teria, de bom grado, dado uma outra surra na esposa. Mas a lembrança da desagradável visita ao porão da sinagoga imediatamente apagava a vontade de qualquer ato mais violento.

O estado espiritual de Nina oscilava entre tédio, medo indefinido e sonhos alegres de felicidade futura. Mas, infelizmente, os dias enfadonhos eram incomparavelmente mais numerosos, já que os receios pelo pai e irmão cresciam a cada dia.

Arseny, cada vez mais magro e descorado, parecia excitado febrilmente; contudo, qualquer explicação da causa daquilo ele teimava em não revelar à irmã. Nina apenas podia conjeturar que Zinaída Moisséevna era culpada, de alguma forma, pelo mau humor do irmão, já que certa vez percebeu no olhar de Arseny para a madrasta uma expressão tão lúgubre e cruel, que até ela ficou arrepiada.

Gueorgui Nikititch também mudou. Como já se falou antes, ele não tinha aquela têmpera de contrapor-se às correntes hostis que o cercavam, e o seu vice, von Zaal, vinha ganhando cada vez mais influência sobre ele, para o gáudio dos judeus, de quem era um joguete.

Em dadas condições, as desordens foram crescendo e, por fim, desencadeou-se uma verdadeira bacanal estudantil. Os colegiais, ao invés de estudarem, reuniam-se em comícios, organizavam manifestações na rua com cantos da Marselhesa e panos vermelhos; o ginásio, que ficava em frente da casa do governador, foi depredado por jovens desordeiros. De sua janela, Nina via como através das janelas quebradas voavam fragmentos dos móveis; pedaços de mapas; livros e cadernos cobriam toda a área. Os pais insanos, ao invés de tentarem dar juizo e uma bela repreensão em seus papalvos, aplaudiam a "revelação precoce da consciência política" de seus filhos e ficavam extasiados de seus feitos. Que um velho professor, acusado de "patriotismo reacionário", tivesse sido apupado, expulso do ginásio e até espancado, isso não surpreendia ninguém – ao contrário: parecia engraçado; os assassinatos que se multiplicaram deixaram de surpreender a sociedade finalmente pervertida.

Uma dessas mortes deixou uma impressão inapagável na memória de Nina. Ela estava saindo com o pai do teatro e, alguns passos na frente, ia um comissário distrital de poliícia. Mal ele saiu para a rua, uma saraivada de balas abateu-o junto aos pés de Nina e um dos projéteis sibilou perto de seu ouvido. O que empunhava uma *Browning* foi detido e preso na cadeia; mas, dois dias depois, evadiu-se, enquanto Boiavsky não só tentou descriminar o delinqüente, como pôs a culpa no comissário, para que não fosse paga a pensão à família.

Desta vez, porém, o prestígio de Nina superou o do vice-governador e o do comandante da polícia, apesar de seus esforços de apresentarem o assassinato como quase um ato de justiçamento legalizado, e o futuro da infeliz família foi garantido. Nina demorou para esquecer o quadro da dor desesperadora da pobre viúva com cinco filhos pequenos.

O único consolo para Nina, sua fonte de sonho dourado de felicidade vindoura, freqüentemente eclipsado por seus medos e amarguras, era o amor correspondido e crescente que a atava a Kirill Pavlovitch.

Eles não tiveram, é verdade, uma explicação decisiva; todavia, as confissões tácitas já eram trocadas havia algum tempo. Para a grande alegria de Nina, Arseny aprovava-lhe aquele amor, era confidente deles e amigo de Aliablev. Pelo modo como Gueorgui Nikititch se referia aos cortejos de Kirill Pavlovitch à filha, e a eles se predispunha, havia uma razão para se supor que o príncipe também não ficaria contra o casamento.

Aproximava-se o outono; setembro já cruzara metade do caminho. Apesar dos terríveis tempos vividos e justiçamentos constantes a golpes de punhal, que deveriam despertar horror à indolente sociedade aristocrática de Slavgorod, esta estava inteiramente absorta nos preparativos para o baile na casa de Enoch Aronstein, que iria comemorar o cinqüentenário de sua casa bancária. Por causa do evento, foram chamados todos os seus parentes. Foi convidada também a matriarca da família, se bem que esta declinou do convite, receando a estafante e longa viagem.

O baile originou na família do príncipe numerosas discussões e dissabores, porque ninguém queria ir. Gueorgui Nikititch, no início, não quis nem ouvir falar disso; mas o vice-governador conseguiu persuadi-lo, dizendo que ali se reuniria toda a nobreza local, a fidalguia das redondezas e as altas autoridades militares, de forma que a ausência do governador numa solenidade tão importante seria notada e interpretada como uma clara intenção de ofender a Casa Bancária Aronstein, alimentando toda uma espécie de mexericos e conversas desagradáveis. Arseny relutou com menos veemência, pelo menos aparentemente, ainda que a muito contragosto. Quanto a Nina, sua recusa foi taxativa.

Certa tarde, depois do almoço, Zinaída Moisséevna tinha acabado de receber pelo correio umas revistas de moda. Ao folhear uma delas, ela a aproximou da enteada.

— Olhe, Ninon, que maravilhoso vestido de baile! Ele lhe cairia tão bem!

— Se não me engano, já lhe disse que não irei ao baile, portanto, não preciso de nenhum vestido – contestou friamente Nina.

— A senhora insiste em sua decisão excêntrica de não comparecer, e lá estarão seu pai, seu irmão, o vice-governador com sua esposa e irmã...

— Oh, a senhora von Zaal e sua irmã, nascida Cifferblat, se sentirão em seu ambiente! – chacoteou Nina.

— Irá também toda a nobreza da província, o general Aborin com a esposa e filhas, o coronel Bossanim com as filhas e, por fim, toda a nata da cidade. Esses senhores não são nascidos Cifferblat, no entanto a senhora quer fazer entender que eles se submetem a vexame ao freqüentarem uma casa judaica. Cuidado! A senhora, repito, está arrumando ao seu pai enormes dissabores e, talvez, algo pior. Sua ausência, é claro, será questionada na imprensa local e os israelitas tomarão isso como ofensa pessoal. Julgue por si mesma se faz sentido provocar retaliações justamente agora.

O olhar que acompanhava a fala da princesa era tão hostil e ameaçador, que Nina foi tomada de inquietação profunda.

— Se a minha presença, ou ausência, são tão importantes, pedirei ao papai para decidir a questão.

Naquela mesma noite ela conversou com o pai. O príncipe debruçou-se na mesa e meditou taciturno.

— Compreendo seus motivos de não ir e gostaria de poupá-la disso, minha criança – disse ele –, mas isso é praticamente impossível. Vou lhe falar francamente, escute! Estamos como que numa ratoeira: em volta de nós fervilham traidores, lacaios dos judeus, e a insolência deles cresce a cada dia, pois eles se sentem protegidos nas altas esferas, enquanto que nós, russos, não encontramos nenhum apoio do governo. Por mais que seja dolorida esta situação, devemos considerá-la e evitar, na medida do possível, dar pretexto às fofocas, que podem aumentar o burburinho que reina na cidade. Por si só, isso é uma coisa simples, sem importância. Assim, peço-lhe, querida, ir comigo para aquela festa no gueto e acredite: essa ida não me é menos repugnante.

Chegou, finalmente, o grande dia do baile.

A casa de Aronstein era só luxo e luzes; nos dois lados da escadaria de mármore branco, coberta por tapete de veludo vermelho e permeada de flores e estátuas, perfilavam-se os garçons em librés verdes, com detalhes em ouro da "casa" Aronstein. Era de fato um triunfo do ouro sobre a miséria humana.

As carruagens não paravam de aportar junto à entrada profusamente iluminada. No meio daquela multidão ignominiosa que galgava a escada não havia só "judófilos", a quem a sabedoria popular deu a alcunha de *góis de sabbat* (20), mas também muitos poltrões, dignos de dó, vindos a contragosto, tementes de judeus.

Na entrada ao salão, numa área com colunatas, transformada em jardim de inverno, as visitas eram recebidas por Enoch e por sua irmã, senhora Rosenbliud, trajando um vestido vermelho de crepe, engalanada em brilhantes feito um ídolo hindu. Zinaída Moisséevna, envergando um vestido de cetim dourado e coroa principesca nos cabelos pretos, portava-se como uma imperatriz. Nina estava de vestido simples e sua única jóia consistia de um colar de pérolas, de raro tamanho, com três pingentes graúdos. As pérolas eram um legado da avó materna e despertavam inveja da princesa.

Tão logo Enoch viu o lindo e pálido rostinho de Nina, esquadrinhando-o indiferente com os grandes olhos castanhos, mas incendiando-se alegre ao encontrar Aliablev que se aproximou para cumprimentá-la, seu coração contraiu-se de ciúme e ódio.

---

(20) Cristãos contratados pelos judeus para trabalharem nos dias de sabbat, em que eles mesmos são proibidos de trabalharem. N. A.

A princesa, que vigiava o marido e a enteada, notou que eles nem sequer atentaram na decoração fantástica do salão de baile, motivo de orgulho do anfitrião. Apesar da boa educação recebida, no íntimo a princesa permanecia uma judia e não podia deixar de sentir uma certa vaidade, por ser considerada grande, saciando-se por deslumbrar com luxo régio os presentes, na maioria *góis* arruinados.

Num dos intervalos de dança, ela se aproximou da enteada e pegou-a pelo braço.

— Vamos, Ninon, quero lhe mostrar o salão japonês. É maravilhoso, mas a fantasia custou a Enoch cerca de oitenta mil. No gabinete em estilo Luis XVI há um relógio de Maria Antonieta, com lírios da França e iniciais da imperatriz.

Nina não se opôs e a seguiu calada através de ampla e comprida galeria mauritânia, onde em cristaleiras abertas jaziam, vergando-se de peso, as pratarias e maravilhosas porcelanas saxônicas e sérvias.

A princesa mostrou uma série de salas, uma mais maravilhosa que a outra, avaliando zelosamente cada quadro, cada bugiganga ou móvel caro. Quando elas se viram na biblioteca decorada em estilo da Idade Média, com janelas góticas multicolores, espaldares cinzelados de poltronas altas e reposteiros em veludo dourado, Zinaída Moisséevna parou e, sorrindo audaciosamente, disse em tom provocador:

— A senhora não deveria repudiar tão obstinadamente a corte de Enoch. Este palácio poderia abrigar até uma rainha. Tudo aqui é ouro e arte.

Nina levantou a linda cabecinha e em sua voz soou um tom de zombaria ao responder:

— Sim, sem dúvida, aqui não falta o ouro que fulge profusamente desde as librés dos criados. Mas a senhora, Zinaída Moisséevna, não enxerga nada além de ouro e obras de arte, enquanto eu enxergo, sob todo esse fausto, o sangue e o suor dos cristãos enganados e dilapidados, de cujas lágrimas e ruína se ergueu e se engalanou este palácio de Jeová. As paredes soluçam e tremem dos gemidos das pobres vítimas imoladas no próspero altar do "gênio financeiro" da Casa Aronstein. Tenho até a impressão de que essas paredes, toldadas de seda e obras caras, foram erguidas de corpos vivos, e o piso em mosaico – de ossos humanos. Não, não! Eu jamais poderia viver entre estas riquezas adquiridas a preço de amargos sofrimentos, carregadas com tantas maldições.

Pelo rosto de Zinaída Moisséevna derramou-se um palor cadavérico e, como sempre ocorria quando ela estava muito nervosa, suas narinas começaram a tremer e na voz soou um ódio contido.

— Seu discurso dramático, minha querida, é muito emocionante, mas peca por parcialidade. Se as paredes e as portas desta casa são tão eloqüentes, por que então o seu colar de pérolas não berra de indignação por ter sido resgatado da casa dos penhores com aquele "ouro judaico" que lhe é tão repugnante?

Nina empalideceu também e seus olhos faiscaram soberbos.

— A senhora novamente me reprova com seu dinheiro e eu torno a repetir que os seus gastos, para resgatar o colar da casa dos penhores, foram compensados com a coroa principesca que está agora decorando sua cabeça; por isso eu não me molesto de andar de colar. Ademais, Zinaída Moisséevna, a senhora se esquece de que o ouro investido na nossa casa foi santificado pelo sacrifício violento da morte de minha querida avó. O meu pai, infelizmente, por pusilanimidade, preferiu vender-se e o seu nome; eu, no entanto, prefiro trabalhar, ou até pedir esmola, a ter que me vender. Já basta uma vítima.

— Há gosto para tudo, *ma chère*, a miséria lembra-me um dito espirituoso de Anatole France: "La vertue, comme le corbeau, aime nicher dans les ruines" (21).

Nina deu as costas e saiu quase que correndo do quarto, enquanto Zinaída Moisséevna sentou-se exausta. Ela sufocava, seu rosto cobriu-se de manchas vermelhas e o leque de madrepérola estalava em suas mãos.

"Deixe estar, sua aristocrata pobretona! Está próxima a hora da vingança, quando você me pagará em lágrimas de sangue por sua prepotência e insultos" – pensava a princesa. "Seremos donos daqui antes que você imagine. Quando Enoch levá-la ao redor do facistol e colocar a aliança em seu dedo, o biltre do Aliablev estará apodrecendo na cova, pela bala benfazeja que selará seu ímpeto patriótico. E quando Enoch se cansar de você, cuidarei de acabar com sua beleza, que a torna tão perigosa."

Mal contendo a tempestade que se desencadeara em sua alma, Nina voltou ao salão, onde o baile prosseguia. Seu coração encolheu, quando Enoch se aproximou e a convidou para um turno de valsa; recusar ao anfitrião não era conveniente.

Nina seguiu-o submissa; em sua alma despertava um sentimento cruel, totalmente estranho à sua natureza dócil e harmônica. Nina sabia que ele a amava; inúmeras vezes e agora, dançando a valsa, ela intuía a sua paixão; mas, pela primeira vez, sentiu um certo prazer. Ela faria sofrer o imprestável primo da bruxa que a ofendera sem motivos, lançando em sua cara que as suas jóias foram resgatadas da casa dos penhores. Poderia agora descontar nele as ofensas recebidas e ele não seria capaz de comprá-la com seu ouro maldito, como Sara comprou o pai. Com este sentimento, ela seguiu Enoch para fora do salão; ele a fez sentar-se sobre um banco, coberto com veludo verde, embaixo de uma palmeira.

---

(21) A virtude, feito um corvo, gosta de se nidificar nas ruínas. N. A.

Os hibernáculos de Aronstein eram famosos e o jardim de inverno era um milagre da jardinagem, um recanto mágico de floresta de conto de fadas. Por entre as densas samambaias gigantes, mirtos, loureiros, laranjeiras e limoeiros em flor, serpenteavam trilhas cobertas com areia vermelha feito coral, e as enormes palmeiras levantavam soberbas suas copas em direção ao teto de cristal. Perto do banco em que Nina estava sentada, numa piscina de mármore jorrava um chafariz e, graças a um engenhoso jogo de luzes, os filetes reverberavam ora verde-esmeralda, ora vermelho-rubi, ora azul ou amarelo-ouro.

Meditativa e silente, contemplava a princesa aquele quadro mágico, sem perceber, parecia, aquela sofreguidão que ardia nos olhos de Aronstein, de pé ao seu lado. Era óbvio que de um momento a outro, de seus lábios se soltaria uma confissão, mas Nina não fez nada para impedir isso. O ódio e a sede de vingança cegaram-na a tal ponto, que ela não via a hora de poder afastá-lo feito um cão sarnento, fazê-lo sentir todo o seu desdém e nojo.

Enoch estava habituado a conquistas rápidas entre as mulheres cristãs. A dissolução da família, a educação deturpada e a literatura obscena corromperam a sociedade e demoliram as barreiras raciais e classistas. As mulheres de alta-roda, sedentas de ouro e jóias, não se incomodavam pelo amor de alguém, desde que a cobrissem de dinheiro e, nesse sentido, as "nobres" amantes de Enoch não podiam se queixar. Indubitavelmente, achar-se-iam muitas moças cristãs que se casariam com ele apesar de sua origem, bastava ele querer – e ele sabia disso. Todavia, ele protelava com Nina, consciente de que para aquela criatura meiga ele era nada – um pária. O coração ingênuo da jovem que mal acabara de desabrochar, pelo qual ele estava disposto a sacrificar tudo no mundo, nutria por ele apenas aversão. E o mais terrível é que preferia um reles funcionário a ele, ao que parecia, quando uma ordem de "Bunt" poderia a qualquer hora destroçá-lo em mil pedacinhos.

Todos esses pensamentos se apinhavam desordenadamente na cabeça de Enoch naquele momento. O bom senso lhe sugeria que a confissão de seu amor era fadada a uma cruel recusa, mas não era à toa que em suas veias corria o sangue oriental impetuoso. A sábia cautela foi esquecida e, curvando-se sobre Nina, ele sussurrou com voz trêmula de paixão:

— Nina Gueorguievna! Meus sentimentos não lhe são um segredo; sabe que eu a amo com todas as forças da minha alma, mas a senhora ergue entre nós um preconceito inconcebível...

Ao ver a princesa se levantar com faces cobertas de palor, ele agarrou-lhe a mão e premeu-a forte, fazendo-a se sentar novamente no banco.

— Não, fique aqui e me ouça, ainda que por misericórdia! Até um réu tem direito à defesa. Além do mais, considero-a por demais justa e magnânima para obrigar um inocente pagar os pecados de toda a raça. Sei que a senhora odeia os judeus e lhe dou razão: entre a nossa gente há muitos patifes e até criminosos. Mas diga-me se não existem entre os cristãos também muitos patifes, pessoas vis, cruéis, corruptos e traidores? Os dois povos possuem pessoas dignas de respeito. A senhora parece não querer saber a que tipo de pessoa eu pertenço; vê em mim apenas um. Por acaso sou culpado de ter assim nascido? Talvez, se isso de mim dependesse, teria preferido ser um mendigo, só para não pertencer à raça marcada com maldição inaudita, que faz com que pessoas de nós se afastem.

— Ah, o senhor está exagerando, Enoch Danilovitch! A sua comemoração de hoje é um sinal claro de que os preconceitos dos quais o senhor se queixa deixaram, praticamente, de existir – sustentou Nina.

— O que eu tenho com a multidão, se o cruel preconceito existe na senhora. Ambos somos cultos e, como qualquer ser desta sociedade, tenho direito de amar e desposá-la. E seu amor poderia fazer de mim um beato. Mas não, a senhora só enxerga em mim *um*, a senhora odeia em mim o parente de Zina. Tenho culpa se os negócios confusos de seu pai o obrigaram a realizar semelhante transação? E se ele tivesse casado com alguma mercadora ordinária, estaria ela acima de Zina, que recebeu uma formação brilhante, salvou sua família de uma derrocada vergonhosa e trouxe abundância para sua casa? Entretanto, a senhora a odeia e despreza, e seu pai mal a suporta; para a senhora é um insulto se algum parente da *belle-mère* se atrever a cruzar a porta de sua casa, e sei também que a senhora veio para cá a contragosto. Claro, sou um louco varrido dizendo-lhe tudo isso e desnudando o sofrimento cruel da minha alma, já que, até pelo seu olhar, eu noto que a senhora considera ofensa pessoal a minha confissão de amor; seu sangue de princesa se indigna só de pensar como um miserável pode ousar sonhar em chamá-la sua. Bem, assim deve ser uma paixão cega, já que eu, de joelhos, imploro-lhe tentar superar o preconceito injusto e olhar-me como para uma outra pessoa. Talvez a senhora ainda me ame um dia... Imploro-lhe não me deixar sem esta esperança.

Ele pegou a mão de Nina e encostou-a várias vezes aos seus lábios incandescentes.

O transporte de uma paixão impetuosa influi sempre de modo estranho e misterioso em quem é dirigido. Por alguns instantes Nina permaneceu calada, olhando para o homem de joelhos, em frente. Ela vivia aquele estado de submissão que deve sentir um passarinho hipnotizado pela cobra, prestes a engoli-lo; e Enoch, naquele minuto, era realmente encantador: sua excitação abrasada ia bem à sua beleza oriental, levemente demoníaca. Uma mulher mais material e voluptuosa teria se seduzido pelo abrasamento de seus grandes olhos negros, cedendo aos sentimentos d'alma, mas Nina, pura e serenamente equilibrada, sentia frente àquela explosão passional apenas medo e nojo. Sacudindo o torpor insuportável que a dominava, ela passou a mão pelo rosto e disse em voz baixa mas firme:

— Levante-se e ouça a minha resposta definitiva, já que o senhor tocou no assunto. Primeiro, o senhor me censura por ser racista injustamente. Talvez o senhor tenha razão e nós, os cristãos, sejamos injustos com seu povo; mas a época atual não é adequada para acabar com esta hostilidade secular. Os judeus fizeram tanto mal à minha pátria, derramaram tanto sangue russo, que não faz muita diferença quem são os culpados e quem são os inocentes. Justiça seja feita às suas qualidades exteriores, e eu dou valor à sua posição social e ao seu raro talento musical; estou certa, todavia, de que um dia o senhor há de encontrar alguém que o ame e faça feliz. Quanto a mim, quero ser franca e não posso acalentá-lo com alguma esperança. Jamais chegarei a amá-lo, ainda que o senhor deposite aos meus pés todos os tesouros do mundo, pois temo o senhor e o seu amor que, tal qual um pântano verdejante, esconde um sorvedouro, onde a morte terrível me aguarda...

Aronstein ergueu-se. Ele respirava com dificuldade e seu rosto pálido e transfigurado estampava um louco desespero aliado a ódio diabólico, tanto que Nina emudeceu de pavor, como se diante dela estivesse o próprio diabo. Com um movimento convulso ele jogou para trás os cabelos que caíam na testa e recuou.

— Perdoe, princesa, por tê-la incomodado! – iniciou ele em voz rouca. – Sua resposta é tão mortalmente sincera, que só me resta entregar a Jeová o meu destino e Nele depositar as minhas esperanças.

As últimas palavras ele concluiu com um riso ríspido e sarcástico, que deixou Nina arrepiada. Ela se levantou célere e deixou o jardim de inverno em passos apressados.

Sua intenção era encontrar-se com o pai para pedir-lhe permissão de sair antes, alegando uma enxaqueca, mas nesse instante, no salão de baile, ouviu-se música e nas salas contíguas ela não encontrou o príncipe. De encontro, ela topou com Aliablev, que procurava por alguém, apressado.

— Kirill Pavlovitch, sabe onde está o meu pai? – perguntou ela.

— O príncipe está no salão de jogos. Mas o que a senhora tem, Nina Gueorguievna? A senhora está pálida, nervosa e trêmula. O que aconteceu? Ali há uma sala sem ninguém.

Nina, nervosa que estava, podia contar com a pessoa amada e sabia que era correspondida. Sem pensar muito, ela foi com ele até a sala e narrou a conversa tida com Aronstein.

— E ele chegou a ofendê-la com algo? Eu não lhe aconselharia isso! – explodiu Aliablev, franzindo os sobrolhos.

— Não, não! Enoja-me apenas seu amor; quando eu o fiz entender que não havia nenhuma esperança, ele ficou tão furioso que, sinceramente, fiquei apavorada. Parecia um demônio: deu uma risada selvagem e disse que confiava seu destino e esperanças a Jeová. Fiquei com impressão de que em suas palavras se escondia uma ameaça velada...

Aliablev escutou calado, mas a expressão irada de seu rosto era mais eloqüente que as palavras.

— Espero que o senhor não conte a ninguém o que lhe disse, nem procure uma discussão com ele – pediu ela, embaraçada. – Não quero isso... eles ainda podem matá-lo, esses canalhas. Achar um assassino entre esse bando de judeus não é difícil; hoje é fácil de se livrarem dos que não gostam, com bala ou bomba.

Os olhos de Aliablev brilharam.

— A senhora não quer que eu morra, Nina Gueorguievna? Minha vida lhe é cara? Eu seria feliz em sacrificá-la cem vezes pela senhora – asseverou ele, inclinando-se sobre a interlocutora.

Nina ruborizou, mas respondeu de pronto:

— Sim, quero que viva. Sua vida me é cara e peço que evite arriscá-la sem necessidade. Vou pedir ao meu pai que ele o envie, sob algum pretexto, a Petersburgo, só para não se encontrar com esse homem, que temo e desprezo.

Kirill Pavlovitch tomou-lhe a mão e sussurrou apaixonadamente:

— Vou obedecer e guardarei a vida como um tesouro, se a senhora quiser aceitá-la e permitir que eu lha consagre, para amar e protegê-la. Meu coração e alma lhe pertencem. Será que posso ter uma esperança de ser amado e tê-la por toda a vida?

Nina ergueu para ele os límpidos olhos maravilhosos em que se refletiam confiança e amor.

— Sim, eu o amo e jamais pertencerei a outro.

Aliablev premeu-lhe forte a mão e trouxe-a para os seus lábios.

— Obrigado, querida! Suas palavras me fortaleceram. Amanhã conversarei com o príncipe; ele me considera muito e espero que não se oponha ao nosso casamento. Arseny, confidente de meu amor, prometeu também me dar apoio.

— Tenho razões para crer que papai nos abençoa. De qualquer modo, Kirill Pavlovitch, quero que o nosso noivado fique em segredo para não suscitar ciúmes diabólicos de Aronstein e não desencadear de sua parte alguma torpe e covarde vingança.

— Sua vontade é uma lei; concordo perfeitamente que devemos ser cuidadosos. E agora permita-me, como a qualquer cavalheiro, acompanhá-la ao salão.

— Não, quero voltar para casa. Por nada no mundo gostaria agora de me encontrar com Enoch. Diga ao papai que o barulho deste baile nojento me deixou exausta.

— Oh, não seja ingrata; este baile propiciou-nos uma explicação. Depois, nem poderia imaginar uma casualidade mais estranha do que o nosso noivado ocorrer justamente na casa de Aronstein – observou, rindo, Kirill Pavlovitch.

No salão ao lado, eles encontraram Arseny e este, ao saber que a irmã queria voltar para casa, desceu também até a carruagem. Após acompanharem Nina, ambos voltaram ao baile e, no caminho, Aliablev participou ao amigo sua conversa com a princesa.

— Felicito-o, meu amigo – disse o príncipe, apertando-lhe a mão – e rogo a Deus que sejam felizes. Quando lembro daquele canalha, meu sangue ferve. Esse deve estar imaginando que a família dos Pronsky foi criada para se casar com os Aronstein. Já basta que sua ilustre prima conspurque o nosso nome. Vi Nina dançando com ele e depois eles desapareceram; eu fui ver onde estavam. Oh, como queria que Nina já estivesse casada. Não sei por quê, mas fico oprimido com o pressentimento de uma desgraça iminente; sonhei com a avó e a mamãe, que choravam e me cobriam com crepe negro.

Kirill Pavlovitch tentou dissuadi-lo, aludindo o seu humor lúgubre aos nervos, mas a tentativa não teve sucesso; o príncipe continuou taciturno, preocupado e aparentemente nervoso.

Capítulo X

Uns dez dias depois do memorável baile do jubileu, à noite, a princesa estava sentada com Enoch em seu gabinete, onde eles palreavam a meia voz. A imensa sala mergulhada em semi-escuridão fazia parecer Enoch ainda mais pálido; ele emagrecera nos últimos tempos e em seu rosto enregelara-se uma expressão amarga e severa.

— Aprovo seu plano em todos os aspectos, meu querido. Tenho certeza de que vai dar certo e de que não há razões para se desesperar; Nina terá de vencer o medo que você lhe inspira. Há-há-há! – e ela riu baixinho, mas mordaz. – E você obteve a aprovação do rabino e dos superiores? – perguntou após algum silêncio.

Enoch balançou a cabeça afirmativamente.

— Apelzaft começou a criar caso no início, mas eu insisti e ele deverá trazer-me a permissão do *kâhâl* para o batizado. A nossa vitória está próxima e, quando eu mandar aqui, quero ver depois quem vai contrariar a minha vontade.

— Oh, não vejo a hora do triunfo! – disse Zinaída Moisséevna, premendo as mãos contra o peito. – Finalmente me vingarei de tantos insultos...! De qualquer modo, foi um grande infortúnio você se apaixonar por essa tola e prepotente menina. Bem que vovó Feiga dizia que os casamentos com *góis* não dão certo. Eu, ao menos, fiz-me princesa sem ter que amar o príncipe e, graças a Deus, o meu coração não sofre. Aliás, devo avisá-lo de um novo fato de grande importância. Algo me diz que Nina e Aliablev ficaram noivos. Ninguém, é claro, falou-me disso, já que não confiam na "judia", mas eles estão diferentes um com o outro e notei alguns olhares suspeitos; parece que antes de viajar, Jorge falou com Aliablev.

Com as primeiras palavras da prima, o rosto de Enoch traiu uma surpresa; mas ele dominou imediatamente os ciúmes e disse, sarcástico:

— Que se casem quantas vezes quiserem! Posso acabar com aquele cão cristão à hora que quiser e você sabe: longe dos olhos, longe do coração. Se o deixei viver até agora é para não dar pretexto à princesa de chorar seu martírio, pois a aura de um mártir é mais perigosa do que um idiota vivo e excita muitas imaginações – o que não desejo. A propósito, sobre o príncipe: ainda bem que você não o ama, porque é provável que ele sofra uma desgraça. O comitê tem acusações hediondas contra ele.

— Não me oponho a um castigo merecido. E, finalmente, o que tenho com isso? Você sabe que pela lei sagrada de *Shulkhan Arukha* (22), esse homem é nada para mim e o nosso casamento não vale; de qualquer maneira não deixarei de ser princesa, viúva do governador e vítima de algum torpe criminoso. Ficarei livre de preocupações, insultos e constrangimentos. Eu é que não serei um estorvo para o comitê!

— Você deveria se chamar Esther (23) e não Sara – con-

---

(22) Lei 96. N. A.

(23) Segundo a Bíblia, jovem de grande beleza que se casou com Assuero, rei da Pérsia, de quem obteve o perdão para os judeus. N. T.

siderou Enoch, sorrindo. – Bem, e como está a subversão do exército?

— Difícil, mas anda. Arseny não está ajudando muito, mas eu o apaziguo com luvas de ferro e, por enquanto, ele se submete com medo pelo pai.

— Então, tudo está indo conforme o planejado. Bem, agora preciso ir conversar com Apelzaft.

— Então, vá! Preciso voltar também para casa. Jorge retorna no trem das onze; devo encontrá-lo na estação e tentar frustrar o namoro da querida Nina com o seu eleito.

Ela soltou uma risada e levantou-se.

A casa do rabino Jechuá Apelzaft ficava perto da sinagoga. O prédio era bastante grande; o andar de baixo era arrendado para uma loja e escritório, o restante da casa era ocupado por ele mesmo.

Na ampla sala que saía para o pátio, zelosamente cerrada por cortinas grossas para não deixar passar os raios de sol, estavam reunidas cerca de vinte pessoas.

Quando Enoch chegou, foi recebido com respeito discreto. Aparentemente, faltava apenas ele, pois assim que entrou as duas portas dos quartos contíguos foram trancadas à chave, e os presentes sentaram-se em torno de uma grande mesa.

A reunião era presidida pelo rabino Jechuá.

— Filhos de Israel! – iniciou ele. – A nossa reunião de hoje é de importância crucial, pois devemos discutir a melhor forma de aproveitar a situação presente para chegarmos ao poder, assumido abertamente. Por intermediação do caritativo hebreu, Enoch Aronstein, aqui presente, recebi pelo telégrafo de Petersburgo o projeto do decreto do Altíssimo, a ser publicado em 17 de outubro, ou seja: daqui a quatro dias. O conde, poderoso protetor e conhecido, assistido pela piedosa e benemérita filha de Israel – a nova Esther, que lhe ajuda no trabalho –, conseguiu arrancar, finalmente, uma nova Constituição. Devemos cuidar agora para que os membros do futuro Parlamento – a Duma – sejam nossos fiéis criados.

Um jovem judeu ruivo, de rosto com zigomas grossos e salientes, saltou da cadeira e desfechou um soco na mesa.

— Isso é bom, mas não basta! – berrou ele. – O nosso objetivo final – como bem o disse Bebel – é uma república democrática como forma de governo; na esfera econômica é o comunismo; na esfera religiosa – o ateísmo; suprimidos todos os outros cultos, com exceção do nosso, é óbvio, porque são idolatrias puras. Proponho, assim, não desperdiçar mais tempo nem dinheiro na compra dos eleitores, mas proclamar de vez a República para dar exemplo. Não estamos sozinhos: Odessa nos seguirá, aproveitando-se das desordens do manifesto, e um dos nossos, Jergament, já foi escolhido para ser primeiro-ministro. A proclamação será feita em diversas cidades e vocês sabem como isso é contagioso. A monarquia está desacreditada, o exército e a marinha vêm dividindo-se, as massas operárias estão arrebatadas pelo espírito revolucionário e dispostas a tudo, enquanto a autoridade governamental é quase insignificante. Resumindo: está chegando o momento propício para desfechar um golpe decisivo no czarismo odioso – uma oportunidade que tão cedo, ou talvez nunca, teremos novamente. Passemos a discutir os planos para proclamar a República, marcar as datas e agora mesmo eleger os membros do novo governo; o nosso futuro presidente nos falará dos armamentos que temos. Pelos destacamentos sob o meu comando, eu me responsabilizo.

O rabino Jechuá, debruçado meditativo sobre a mesa, disse, esticando as palavras:

— Você tem razão, Jaffe, o momento é propício para deflagrar uma revolução; mas receio só uma coisa: nem todos os *góis* desorientados chegaram ao ponto de ebulição; podem ocorrer enormes contratempos, se esses "sórdidos", a quem não poupamos o dinheiro, os contatos e até as nossas vidas, para eles se "libertarem", venham a nos trair pelas costas, ou mudar os propósitos dos nossos planos assim que se virem vitoriosos. Talvez, por outro lado, eu exagere nos receios, ditados por minha longa experiência e idade. Pronunciem-se então! Pesem as nossas forças para tomarmos uma decisão definitiva. Enoch Aronstein, fale primeiro!

O banqueiro tirou da carteira uma folha com apontamentos e começou a enumerar o armamento existente na cidade.

— O último lote de quinhentos revólveres foi enviado ontem e será distribuído por Jaffe. Uma reserva de diferentes armas e munições, incluindo vinte bombas, está na sinagoga; em casa tenho trinta. Os agitadores receberão as devidas instruções; uma de nossas agentes mais ativas, Alma Bernstein, vem trabalhando há algum tempo nas fábricas e usinas; as massas operárias estão de sobreaviso, de modo que basta um sinal e eles estarão prontos para tudo. As autoridades ficarão inertes: o vice-governador não moverá um dedo, se a imunidade dele for assegurada; o comandante da polícia está em nossas mãos e se empenhará para nos ajudar...

— E o príncipe? – interveio um dos presentes. – Ele poderá atrapalhar. É um reacionário roxo!

— Não posso responder por ele, mas existem muitos meios de evitar que ele nos atrapalhe – respondeu Enoch, sorrindo com desdém.

— Sim, entretanto o meio mais eficiente é fechar-lhe a boca para sempre. Eu o acuso pela perseguição sistemática ao povo de Israel e exijo que seja sentenciado à morte – prorrompeu furiosamente o judeu ruivo.

Em seguida, enumerou os crimes do governador: os judeus – por sua culpa condenados; os jornais dos livre-pensadores clandestinos confiscados, e as pressões feitas sobre a "imprensa livre"; seu empenho em promover os funcionários russos para os postos que *kâhâl* julgava seus. Resumidamente, os pecados de Gueorgui Nikititch eram tantos, que a moção da sentença de morte foi votada unanimemente; a Enoch coube a prerrogativa de marcar o dia da execução.

— Ahá! Não será para resgatá-lo do nosso poder que você insistiu em decidir sua sorte? Chegou-me ao conhecimento que você planeja casar-se com sua filha e isso é assaz suspeito. Jamais ela será uma judia, enquanto você se tornará um *akum*, seus filhos serão *góis*, seu ouro passará às mãos deles, e Jeová o punirá exemplarmente pela transgressão das leis por Ele preceituadas em Shulkhan Arukha – observou mordaz um velho judeu ortodoxo, de barba grisalha.

— Eu pedirei, Girch Mayer, que o rabino responda por mim e lhe explique por que não as estou infringindo – replicou Enoch, com desdém.

— É justo! – começou em voz majestosa o rabino Jechuá. – Garanto que o nosso irmão, Enoch ben Aronstein, sempre foi e será um bom e fiel filho de Israel, obediente às leis sagradas. É verdade, ele quer possuir a filha do *gói*, que tanto lhe é de agrado; mas isso é um direito de qualquer filho de nossa tribo régia: o de tomar o que se gosta de *akum*, sem direito a nada, pois Jeová os colocou ao nível de animais. Como ainda não dominamos totalmente a situação, precisamos nos sujeitar às contingências do momento e aceitar o batismo para que ele se case com aquela jovem. Enoch Aronstein, filho fiel de Jacó, obediente às leis de Deus, pediu e receberá a permissão do santo *kâhâl* para submeter-se à cerimônia ridícula dos *akum*. Além disso, ele contribuiu com uma grande importância em prol de nossos necessitados e para o bem da revolução, e tem colaborado muito para a libertação do nosso povo, merecendo assim a nossa gratidão.

O velho fanático aplaudiu o discurso do rabino e, tentando falar mais forte que os outros, disse em tom severo:

— Pois bem! No entanto, devo-lhes lembrar que tudo isso não passa de mera casuística para contornar o sentido direto da lei; a mesma lei, graças à qual pudemos resistir contra as perseguições dos malditos *góis* por dois mil anos. O Deuteronômio reza claramente: "Não se aparente com eles(24)"; enquanto Shulkhan Arukha, Eben ga etser, dizem: "Um hebreu ou hebréia, casando com *akum*, receberá 39 chibatadas e sua união será nula, pois sua relação conjugal é tida como bestialidade". Além disso, Enoch transgride a lei que manda que "todo judeu deve se casar para perpetuar e multiplicar a espécie" – subentende-se que a espécie é sua, e não a geração de mais um *akum*.

O rabino Jechuá cobriu-se de intenso rubor.

— Admira-me você, Girch Mayer! Sendo um grande conhecedor das leis, no entanto interpreta-as de cada forma...! – retomou o rabino, e em sua voz ouviu-se um tom contrariado. – Ignora, por acaso, que as leis têm muitas exceções? Neste caso, a circunstância atenuante não é só o fato de gostar ele da moça, mas também por ele já ter cumprido a obrigação de gerar e multiplicar o povo de Israel. Da filha justa de sua tribo, Raquel Blum, ele tem dois filhos fortes e sadios, aos quais, pelo testamento que se encontra comigo, ele deixou um terço dos bens e, como a mãe deles faleceu, os filhos recebem dele uma boa pensão, o que lhes assegura educação brilhante. Com isso, justifica-se totalmente a vontade de Enoch de ter uma concubina *akum*, já que a cerimônia bestial dos *góis* não o obriga a nada, nem em relação à jovem, nem aos futuros monstrinhos que serão gerados por ele.

Frio e desdenhoso, de sobrolhos franzidos, Enoch ouvia calado sem interromper; quando o rabino terminou, ele disse em tom impaciente:

---

(24) Deuteronômio, VII, 3. N. A.

— Se a interferência de Girch Mayer em meus assuntos particulares foi esgotada, julgo necessário voltarmos ao assunto principal da nossa reunião.

— Sim, sim – manifestaram-se algumas vozes. – Vamos ao que interessa!

A reunião animou-se e como a maioria buscava ações imediatas e decisivas, iniciou-se a eleição dos dignitários da nova República. Enoch foi eleito o futuro presidente e logo reiterou a moção de sentenciar à morte o príncipe e uma série de pessoas.

O ruivo, chamado de Leiba Jaffe, revelou um ódio irreconciliável, cruel, fanático e violento à Rússia, ao cristianismo e ao sistema monárquico.

Apenas o rabino não participou das últimas discussões. Debruçado sobre a mesa, pensativo e sério, ele ouvia atento, perscrutando o orador, sem se pronunciar. Por várias vezes os presentes lançavam-lhe olhares contrariados. Por fim, o explosivo Jaffe não agüentou.

— Por que, rabino Jechuá, você está mudo, quando se discutem questões tão importantes?

O rabino empertigou-se.

— Não é que eu não as aprove; mas é que elas me sugerem certas prevenções. Torno a repetir: receio que estaremos nos precipitando, se agirmos às claras; os *góis* podem desconfiar e dar-se conta em tempo. A carta que recebi hoje de manhã confirmou minhas suposições. Queria lê-la para vocês, ainda que ache que o seu teor em nada mudaria a decisão geral.

— Por quê? Por acaso não temos as mesmas metas de libertar e engrandecer o nosso povo? Convém conhecer opiniões diferentes num momento tão importante? De quem é a carta que pedimos que seja lida?

— É de Wolf Reder. Você sabe que ele é um membro influente do Grande Oriente da França, das lojas maçônicas italianas e da União Mundial Israelita. Por estas brilhantes referências, por si só, ele é uma pessoa que merece a nossa confiança. Ele percorreu diversos centros maçônicos e revolucionários, conversou com os líderes e chegou à conclusão de que estamos agindo precipitadamente.

O rabino abriu uma folha de papel cheia de letra miúda, onde alguns trechos estavam marcados com lápis vermelho.

A missiva iniciava-se apontando os êxitos alcançados pelo sionismo em diversos países, entre eles a Inglaterra, onde, a propósito, o rei Eduardo VII transferiu as recepções, na corte, de sexta para quinta-feira, só para que delas pudesse participar o principal rabino de Londres. Seguiam-se trechos, marcados com lápis, que diziam o seguinte:

"Você me compreende, caro amigo, que o único objetivo final, perseguido pela associação maçônica, assim como pela União Mundial Israelita, é subjugar ao cetro de Israel todas as nações do mundo, de modo que seus povos sejam nosso gado de canga. O objetivo está prestes a ser alcançado e, se não o foi, é porque os *góis* existem insolentes, tais como, por exemplo, em Nova York, que têm a ousadia de deixar impunemente placas nas portas: "No jews wanted (25)". É claro, a hora de vingança está próxima, mas por enquanto a idéia de nossa superioridade ainda não impregnou o bastante a consciência dos povos.

"Jamais poderemos esquecer que todos os outros povos são nossos inimigos, e o nosso ódio deve ser sobretudo dirigido aos que veneram a cruz. Na França, o poder deste símbolo já foi debilitado: desnacionalizado, desmoralizado e escravizado economicamente, o povo caminha a passos largos para o dia em que deixará de representar uma nação, transformando-se em obsequioso e servil gado humano. O último baluarte da cruz é a Rússia. Por isso devemos empenhar as nossas forças

(25) Não precisamos de judeus. N. A.

para destruir esse abrigo de idolatria; a vontade dos nossos líderes é que esse país rico seja, a qualquer custo, corrompido, desmembrado e destruído como nação. Para isso devem ser orientados todos os esforços de Bunt.

"Todavia, devo acrescentar, rabino Jechuá, que, segundo a opinião de nossos líderes, essa tarefa não está sendo executada muito bem. Uma revolução deflagrada muito cedo com a participação de nossos irmãos será demasiado evidente e tumultuada. Nós vamos nos expor..."

— Como não se expor, se os judeus lutam nas primeiras fileiras e morrem heroicamente em prol da liberdade; se o nosso ouro tem de comprar os vendilhões que acabam trabalhando contra a nossa própria pátria. O ouro é vital nessa luta. Somos a alma e os financistas da revolução! O que então temos a temer mesmo que os *góis* desconfiem? – interrompeu-o Jaffe, com riso desdenhoso.

— Você se engana, Leiba. Conforme eles mesmo dizem, é mais fácil lutar contra uma ameaça real, cujas dimensões são imagináveis, do que contra forças desconhecidas. Contudo, peço-lhe não interromper o rabino – observou severamente Enoch.

"Eu assevero – prosseguia o rabino a leitura da carta – que Bunt peca por falta de paciência. Ao invés de levar um trabalho de destruição à socapa, a organização está querendo desencadear a revolução com pequeno engajamento da massa social e do povo, ainda não atingido pelo contágio. Segundo, a violenta crueldade e o número de assassinatos, não raro sem nenhum sentido político, indubitavelmente provocarão reação e o atiçamento do ódio aos judeus.

"Mas, o que é positivamente criminoso de nosso ponto de vista, são as notícias de que vocês, ao que parece, desejam promulgar a República. É muita ousadia empreender uma luta aberta sem terem certeza da vitória. E se perderem...?

"As massas populares ainda não amadureceram para fincar no esterco o estandarte nacional e, se despertado o patriotismo, todo o nosso trabalho vai água abaixo, ainda que temporariamente, mas, de qualquer forma, por muito tempo. E tudo isso, porque vocês não conseguem esperar até que a desagregação do estado, da sociedade e do povo atinja o ponto necessário, e os miolos deles fiquem devidamente cozidos para que eles mesmos se destruam. O fruto amadurecido cairá sozinho em suas mãos, sem nenhum esforço, tal qual aconteceu na França.

"Aliás, a situação política na Rússia é ainda mais favorável do que na França. Sua degradação já teve início. A Finlândia é da Rússia só formalmente; a desgostosa Polônia está prestes a se rebelar no momento oportuno; o Cáucaso está fermentando, enquanto as províncias bálticas já são regiões germânicas e só aguardam pela chegada de seus libertadores conterrâneos.

"A guerra contra o Japão foi perdida e terminou com a vergonhosa assinatura da paz, o que acabará por desmoralizar de vez o exército; mesmo a própria paz não passa de um armistício. Digo-lhe isso com conhecimento de causa. Na próxima vez, não será um povinho asiático qualquer que invadirá a Rússia, pondo fim à sua existência como uma grande nação, mas a maior potência do mundo. Você já deve ter adivinhado que estou falando da Alemanha, que, liderada por seu formidável imperador, busca estabelecer sua hegemonia sobre a Europa e a Ásia. Desde 1870, usando de habilidade incrível, ele vem se preparando para a guerra, criando, sem alarde, armamentos de alto poder destrutivo.

"A perfeição do sistema de espionagem deles você conhece melhor que todos. Sua rede de serviço de informações abrange o mundo todo, e os capilares do comando estão concentrados nas mãos mais hábeis e politicamente mais sutis dos nossos tempos, que, no momento oportuno, desencadearão uma tempestade, colocando o mundo de cabeça para baixo.

"Desta forma, o triunfo da Alemanha é inevitável, já que ela também tem seus "homens" na própria Rússia. As cabeças-de-ponte para a invasão já foram ciosamente preparadas nas províncias bálticas e na Polônia; traidores fervilham em todas as camadas da sociedade russa. Naturalmente, nós, os israelitas, ajudaremos os alemães, pois sua terra acena-nos com a igualdade política almejada, que conquistaremos merecidamente dos novos donos da Rússia.

"Por tudo isso, a União Israelita e as lojas maçônicas julgam conveniente aguardar a vitória assegurada da Alemanha, ao invés de pôr em perigo o nosso povo com as ações insensatas e inoportunas da proclamação da República. Tudo virá de mãos beijadas. O que lhe escrevo não é uma ordem, mas uma recomendação séria: a de abster-se de qualquer tentativa de promulgação da República, para que não se confirmem as palavras de um dos nossos rabinos:

— Wir, Iuden, sind gesegnetes Volk, denn wir sind stark und ausdauern im Unglück; aber wir, Iuden, sind verfluchtes Volk, denn wir können das Glück nicht ertagen... (26)

O rabino dobrou a carta e com um olhar perscrutador esquadrinhou os rostos animados dos presentes.

Por algum tempo na sala reinou o silêncio. Por fim, o primeiro a protestar foi Enoch.

— Quero refutar as conclusões de Wolf Reder e de seus correligionários estrangeiros. Conhecessem eles como nós a situação deste país, talvez suas conclusões fossem outras. Estou surpreso como os nossos líderes ignoram o que está acontecendo aqui. Eles nem ao menos sabem que nós – pode-se dizer, a passos gigantes – estamos já alcançando os nossos

---

(26) Nós, os judeus, somos um povo abençoado, porque somos fortes e resistentes na desgraça; mas nós, os judeus, somos um povo amaldiçoado, porque não podemos suportar a felicidade... N. A.

objetivos; a Rússia, este último baluarte do cristianismo, está perto do fim. Não compreendo como eles podem desconhecer o fato de que a imoralidade, a corrupção e a ausência de consciência nacional, em todas as camadas da *intelligenzia* russa, ultrapassam a imaginação mais ousada. Indolente, aparvalhada e obtusa, sua juventude transformou-se numa espécie de escória de degenerados; mesmo o clero está podre e, em sua degradação, constitui-se de um inimigo de sua própria fé. A Rússia, sem dúvida alguma, será por nós derrotada, pois só o amor à pátria fornece forças ao povo, e este sentimento já está morto, extinto.

E vocês querem impedir-nos de aproveitar a fortuna deste momento, tirar da boca sedenta a taça da liberdade que estamos segurando nas mãos...? Por quê? Medo de uma guerra embaraçosa? Para que o inimigo tenha tempo de se recompor? Não, não! Devemos aplicar um golpe definitivo, e para isso tudo está pronto. Logo uma greve geral fará paralisar toda a estrutura governamental, e as artérias vitais deste colosso em pés de barro entrarão em colapso. As fábricas ficarão vazias, os operários erguerão barricadas e o exército sublevado se juntará a eles. Na minha opinião, é justamente agora o momento apropriado para tomarmos o poder e derrubar de vez a canga imperial. Digam, irmãos e amigos, aqui presentes, se vocês se associam à minha opinião ou à de Wolf Reder?

— À sua...! À sua, Aronstein! – gritaram em uníssono os presentes.

— Chega de esperar, agüentar todas as humilhações! Estamos suficientemente fortes para a luta e venceremos!

— Obrigado, irmãos, pela confiança. Refutemos essas pretensões de nos tomarem sob tutela e dizer-nos o que devemos fazer e falar – acrescentou Enoch, com desdém.

— Só faltava isso! Eu acho que ninguém aqui vai obedecer a este arbítrio – bradou Jaffe.

— De jeito algum! Não vale a pena trocar uma arbitrariedade por outra – observou alguém, contrariado.

E, naquela reunião, puseram-se a discutir fervorosamente o plano da sublevação das massas.

Capítulo XI

Passaram-se alguns dias após a publicação do decreto de 17 de outubro. O memorável ato histórico provocou na cidade uma verdadeira tempestade. Os judeus e seus asseclas estavam exultantes, alardeando a vitória em procissões com bandeiras vermelhas e comícios frenéticos, com os inevitáveis discursos e cantos da Marselhesa.

A indignação dos patriotas era patente, mas para empreender algo contra e, sobretudo, resistir à loucura que se apoderou da Rússia, eles não tinham forças, por estarem desunidos.

A arremetida da revolução corria sem óbices e a imprensa, nas mãos de judeus, celebrava orgia frenética. Os jornais instigavam para a revolta, injuriavam e caluniavam o governo, e enalteciam todos os delitos, em conseqüência do que as fábricas e escolas entravam em greve; bandos de operários, escolares, judeus e toda uma espécie de escória, não se sabe de onde saídos, perambulavam pelas ruas e permitiam-se indecências revoltantes com os que desconfiavam de patriotismo.

Até então não havia desordens grandes, mas alguns casos isolados de violência e de choques, a custo controlados, apontavam que nos dois arraiais a excitação ia crescendo e bastava uma faísca para explodir todo aquele barril de pólvora.

Gueorgui Nikititch estava amargurado. Bem diante da casa do governador foram pegos dois jovens, carregando retratos do czar; no bolso do judeu que gritou ao príncipe "Fora czar!", encontraram um exemplar do *Ulka*, de 15 de agosto, com a seguinte charge: representava-se uma capela ortodoxa com ícones de tamanho natural e diante deles, em castiçais altos, ardiam círios; junto à grade dourada, sobre uma almofada de veludo, na posição genuflexa estava o conde Vitte (27), que acabara de recuperar o seu título, em uniforme de gala e com tricórnio na mão. As inscrições embaixo das imagens diziam: numa – "o venerado Rothshild", e na outra – "Mendelsshon, milagreiro de Berlim".

O príncipe quis responsabilizar os autores, mas von Zaal e Boiavsky disseram que uma punição rígida, devido à excitação popular, levaria a retaliações, e eles se eximiriam de qualquer responsabilidade por isso.

Cansado com seus gritos, persuasões e ameaças veladas, o príncipe capitulou e deu-lhe liberdade de ação.

Enfim, chegou o dia da veneração anual do ícone da Virgem, festejada em toda a província; seria levada do monastério para a catedral, para ali ser exposta aos fiéis por alguns dias.

Desde cedo, a cidade efervescia em animação. Os hebreus e, sobretudo, os escolares inundaram as ruas; por entre as multidões rondavam os "camisas negras" – como eram conhecidos os sectários de Bunt. Antecipando-se a possíveis desordens, o

---

(27) Serguei Iulievitch Vitte, ministro das finanças (1892) e presidente do Comitê de Ministros (1903), discutiu as condições de paz com o Japão (1905); reprimiu diversos motins em Kronstadt e Sebastopol e rompeu a greve geral em Moscou. N. T.

príncipe ordenou distribuir em diversos pontos da cidade destacamentos militares; mas, devido ao pequeno número de forças, esses postos de vigilância eram exíguos.

A procissão numerosa, engrossada pelos camponeses das redondezas, aproximava-se da catedral pacificamente, entoando orações, quando subitamente um bando de judeus se interpôs em seu caminho. Houve confusão e, neste ínterim, de uma janela de esquina foi atirada uma bomba, ferindo e matando muitos. O ataque inesperado causou pânico, aumentado pelo tiroteio, vindo de todos os lados. Tomadas de terror, as pessoas corriam desconcertadas de um lado para outro; os gritos e os gemidos desesperados de homens e mulheres pairavam no ar. Então, sobre a procissão, comprimida em multidão, grupos de judeus ensandecidos lançaram-se furiosos. Estandartes eram rasgados; os vidros dos caixilhos dos ícones eram atirados e pisoteados. Na liderança, destacava-se Jaffe, que escarrava sobre as imagens, ou com elas batia nas cabeças das vítimas; um dos porta-estandartes tombou inânime no piso, vitimado de sua fúria.

Neste ínterim, surgiu um destacamento militar, atraído pelo barulho. O bando recuou; os fiéis, mantendo a presença de espírito, aproveitaram o momento para adentrar a catedral, carregando o ícone milagroso.

Mas o tumulto não acabou. Sobre o destacamento choveram tiros, vindos das casas; o povo revoltou-se e lançou-se sobre as casas de onde vinham os tiros, arrombou as portas, e muitos dos judeus que tentavam se esconder foram mortos ali mesmo.

Grupos de camponeses, espalhados pelas ruas vizinhas, puseram-se a destruir as bancas de judeus, quebrando e incendiando as mercadorias em represália, contudo sem cometer saques. Uma vez que a explosão da ira popular era localizada, o exército sufocou rapidamente a revolta e a ordem foi restabelecida em poucas horas.

Jamais os oficiais militares se viram numa situação tão estranha e ridícula ao terem de proteger os próprios agressores, com risco de sua segurança. Apesar dessa conjuntura anormal, a firmeza dos militares prevaleceu.

Algumas casas que serviam de abrigo aos atiradores foram cercadas e tomadas; cerca de cinqüenta rebeldes foram presos e trancafiados na cadeia; os camponeses e os operários foram levados para fora da cidade, enquanto a tropa tomou os pontos mais vulneráveis. À noite, a vida retornou, parecia, ao seu leito normal.

Uma investigação computou a morte de dois porta-estandartes, duas mulheres e três crianças; algumas pessoas que carregavam os ícones, o sacerdote e quinze fiéis foram feridos gravemente. Entre os judeus, dez tinham sido mortos, entre os quais um que foi despedaçado pela própria bomba lançada por ele; mas o número exato de feridos não pôde ser constatado. Cerca de quinze lojas e bancas foram depredadas; sete pessoas foram feridas e duas mortas.

Dois dias se passaram sem acontecimentos graves e apenas a imprensa hebraica não parava de culpar, irascível, o governo pelas provocações, chorando a morte dos infelizes "mártires da causa" e exigindo a libertação dos presos. Tinas de sujidade e injúrias despejavam-se sobre o czar, o governo e o exército. Se fosse possível, toda a população russa seria enforcada. Tais discursos inflamados instigavam a população, já livre dos arreios rígidos da ordem; as cabeças estavam quentes e, sob o manto da tranqüilidade aparente, o vulcão permanecia em ebulição. O arraial dos patriotas, porém, não ficou inativo.

Alarmado e furioso, o comandante de polícia irrompeu no gabinete do príncipe, relatando que as Centúrias Negras(28)

(28) Membros das organizações monárquicas na Rússia, voltadas para combater o movimento revolucionário. N. T.

estariam empreendendo alguma vilania contra a "pacata e infeliz" população hebraica. Até ao seu conhecimento teria chegado a notícia de que na cidade estava se preparando uma manifestação patriótica e que, em encontros clandestinos, eram pronunciados discursos incendiários; assim, ele achava imprescindível prender imediatamente aqueles, assim chamados, "patriotas russos". A prisão teria que ser rápida, pois no dia seguinte haveria feira na cidade e também se daria o sepultamento das vítimas cristãs e judias das últimas desordens.

Irritado e meio indisposto de saúde, o príncipe concordou em tomar medidas enérgicas, a bem da tranqüilidade. Fazia dois dias que ele era bombardeado com mensagens de Petersburgo, exigindo que tomasse providências imediatas para evitar que os judeus fossem atacados e para enfrentar os pogrómshiki [29], em busca de saques e assassinatos sob o pretexto de fidelidade ao regime e patriotismo; que ele não se constrangesse em utilizar as forças armadas.

Na verdade, nada havia que confirmasse os receios de Boiavsky que, não obstante, mandou prender todos aqueles que eram suspeitos de serem instigadores do movimento patriótico.

A noite passou tranqüila e, com o alvorecer do dia, a feira começou a receber os camponeses, como de hábito.

Em vista da aparente paz reinante, Nina decidiu passar no depósito da Cruz Vermelha, que aquele dia receberia doações do conselho administrativo. O depósito localizava-se temporariamente na Escola de Comércio, já há tempos em greve, e Nina queria participar pessoalmente do ato da entrega dos objetos pelas mulheres que acompanharam o seu transporte.

---

(29) Participantes do pogrom; massacre organizado muitas vezes com a conivência das autoridades governamentais, em especial contra os judeus. N. T.

Ali estavam cerca de dez membros femininos do comitê da Cruz Vermelha; um número idêntico de damas e mocinhas voluntárias, que iam diariamente costurar ou ajudar no desempacotamento e arrumação de objetos doados; alguns homens, membros do Comitê e, finalmente, as mulheres que chegaram com o transporte. Por cerca de uma hora o trabalho ferveu junto às mesas atravancadas de roupas, cobertores e diversos gêneros alimentícios, tais como chá, açúcar, café, etc..., quando um barulho vindo da rua chamou a atenção de todos.

Ouviu-se um burburinho surdo de vozes e o bater dos pés de uma enorme multidão aproximando-se; vez ou outra ecoavam tiros. Todos, naturalmente, aproximaram-se das janelas.

A multidão cerrada invadia ruidosamente a rua, e a praça para a qual dava a Escola de Comércio foi sendo ocupada de operários e escolares, com bandeiras vermelhas. Neste ínterim, exatamente sob as janelas da escola, ouviu-se uma explosão violenta, estremecendo todo o prédio; os vidros se espatifaram em pedacinhos, coisas caíram no chão e o busto de Pushkin(30) tombou da coluna.

Instalou-se o pânico. Algumas pessoas foram feridas com os estilhaços dos vidros e uma das damas, aturdida pela explosão, bateu a cabeça ao cair. Feito um gado assustado, todos os presentes se lançaram, aos gritos e choros, em direção à saída, empurrando-se e derrubando as cadeiras e atirando os objetos que atrapalhavam o caminho.

Nina não foi atingida. Ao perceber o ajuntamento perto da porta, ela foi para o fundo da sala, onde a esposa de um dos professores dela se aproximou.

Nina não gostava daquele casal que gozava de proteção de sua madrasta e participava de todos os comitês beneficentes de Zinaída Moisséevna. O professor Veinstein dizia-se alemão,

---

(30) O maior poeta russo. N. T.

mas a princesa suspeitava nele uma outra origem e não confiava em sua lealdade propalada; naquele momento, o perigo da situação nela abafara qualquer antipatia.

— Meu Deus! Como sair daqui? Onde vou pegar a carruagem nesta confusão? – desconsolava-se Nina.

— É, princesa. Sair agora é arriscado, pode haver mais bombas. O pior de tudo é que o povo pode irromper a qualquer hora aqui para saquear as coisas. Está ouvindo esse alarido medonho?!

Da praça, de todos os cantos, ouviam-se gritos selvagens:

— Fora a tirania! Viva a liberdade! Viva a República!

Um vento gelado soprava pelas janelas sem vidro.

— O que vamos fazer? O que vamos fazer, meu Deus? – sussurrava desconsolada Nina, enrolando-se na sobrecasaca de arminho.

— Sabe, Nina Gueorguievna, o que eu acho mais sensato? Vá para cima, onde fica a capela; ali é mais seguro. De lá, pela escada, é possível descer para a rua atrás da escola. Se não encontrar sua equipagem, a senhora, na pior das hipóteses, poderá contratar um cocheiro para voltar para casa.

— A senhora tem razão, vamos tentar nos salvar por ali.

Ambas subiram esbaforidas para o andar de cima.

— Entre, princesa, e espere por mim; vou tentar conseguir uma roupa e ver se a escada está livre.

Sem esperar por resposta, ela empurrou Nina para dentro e fechou a porta. Nina sondou preocupada o ambiente.

Estava num quarto diante da capela. Surpresa, notou que ela estava iluminada e junto ao altar havia um grupo de pessoas, entre as quais, aliás, ela viu Aronstein, trajando fraque e gravata branca. Em seu rosto congelara-se uma expressão horripilante. Ela pensou em fugir dali e empurrou agilmente a porta, mas esta não cedeu, apesar de seus esforços. O terror tomou conta dela e o coração parecia querer saltar para fora.

Enquanto ela se ocupava da porta, uma mão gelada a tocou no braço.

— Por favor, acalme-se, princesa, e tenha a bondade de me ouvir! Devo lhe dizer uma coisa muito importante.

Nina mediu Aronstein com olhar hostil e desvencilhou-se de sua mão.

— O que significa esta cilada, senhor Aronstein? Exijo que o senhor me deixe sair daqui imediatamente.

— Só depois que a senhora me ouvir. Serei breve, pois não há tempo para perder. A senhora me afastou, Nina Gueorguievna, desdenhou-me e subtraiu-me qualquer chance de conquistar-lhe o coração e obter sua mão. Mas não sou daqueles que desistem fácil e a senhora para mim não é somente um objetivo, mas a essência da minha vida. Por isso, a senhora será minha de qualquer forma e não sairá daqui a não ser na qualidade de minha esposa. Tudo está pronto; o sacerdote e os padrinhos estão nos esperando; só falta o seu consentimento.

O rosto de Nina enrubesceu intensamente.

— Devo presumir que o senhor perdeu o tino, já que ousa falar assim comigo. Vou ser sua esposa? Prefiro me jogar pela janela. Este tipo de violência é punido por lei. O senhor e seus comparsas podem até cometer uma violência comigo, já que caí numa vil armadilha, mas o caso não vai terminar assim; o senhor prestará contas por essa patifaria inaudita ao meu pai e ao meu irmão.

Gostaria de ver esse padre ortodoxo que casaria uma cristã com um judeu, malgrado seus protestos, sem a autorização do pai e sem papéis. Não sou uma camponesa pobre e impotente, mas a princesa Pronskaya – filha do chefe da província...

A perturbação e ira a sufocavam e ela não pôde continuar. O rosto de Enoch franziu-se num sorriso de desdém.

— Permita-me contestar suas conclusões. A senhora não se casará com um judeu, porque há três dias eu recebi o batismo; seus papéis estão comigo faz uma semana e o sacerdote não irá nos casar contra a sua vontade, pois estou convicto de que a senhora depositará sua mão na minha voluntariamente. Quanto ao seu pai e irmão, devo dizer que, apesar da impotência de impedirem o ato a ser consumado, suas pessoas servirão de garantia para o seu consentimento – do que a senhora poderá se convencer agora. O príncipe já não é mais o governador, porque aqui, da mesma forma que em Odessa e em outras regiões, foi proclamada a República. O exército amotinado nas capitais e em Kiev passou para o lado do povo; o regime czarista já não existe e eu, presidente eleito, sou chefe do governo. Assim, sugiro que ninguém me desobedeça. E agora venha comigo e veja com seus próprios olhos!

Ele agarrou Nina pela mão e levou-a à janela quebrada, dando para a praça.

Através dos vidros quebrados, como urros da ressaca do mar, ouvia-se o vozerio desconexo de milhares de vozes, gritando, cantando, lançando impropérios. Na praça e nas vias públicas, até onde a vista pudesse alcançar, viam-se cabeças humanas.

Nina, cadavericamente lívida, olhos esbugalhados de terror, olhava para aquele mar de gente. Subitamente ela gritou e agarrou a cabeça com as mãos.

— Papai...! Papai...! Por que ele está ali?

Ela viu Gueorgui Nikititch andando por entre a multidão; por sobre sua cabeça dois jovens empunhavam uma bandeira vermelha. O príncipe parecia mal se agüentar nas pernas.

— O povo foi buscá-lo e agora o leva para a prisão, para que ele, como último ato de seu poder, liberte todas as vítimas desafortunadas do regime imperial morto. Está vendo aquele homem de quepe verde, atrás de seu pai? Ele está com uma Browning e carrega uma bomba. Basta que eu acene da janela com um lenço e ele crivará de balas as costas do príncipe, ou lançará a bomba. Caso daqui a dez minutos a senhora não assinar o livro ou, se a cerimônia não começar e a senhora não prometer que me inocentará e jurará diante do pai que a senhora se casou comigo por livre e espontânea vontade e por amor a mim – eu darei o sinal.

Ele tirou do bolso um lenço vermelho de seda e recostou-se no parapeito da janela. A expressão de seu rosto não deixava dúvidas de que ele levaria sua ameaça a cabo.

Pareceu a Nina estar enlouquecendo. A terrível cena que acontecia embaixo, os tiros, as pedradas que estilhaçavam as vidraças nas casas vizinhas – tudo lhe indicava que a morte do pai pela turba desenfreada não era uma ameaça vã. Só de pensar em ver o pai despedaçado pela bomba, um suor gelado cobriu-lhe a testa.

— Papai! Querido papai! – murmurava ela, em pranto.

— A vida dele está em suas mãos e só lhe faltam dois minutos para decidir – disse Enoch em tom firme e sonoro.

Com tremor interno e olhar incendido, acompanhava ele a luta espiritual que se refletia no rosto abalado de sua vítima.

Ao imaginar que pertenceria a Enoch, todas as fibras da moça estremeciam de nojo e terror; mas ela não podia arriscar a vida do pai diante de seus olhos. Era necessário salvá-lo e, depois, antes acabar consigo do que pertencer ao canalha, em cuja mão tremulava o lenço vermelho que já lhe parecia estar com manchas de sangue do pai.

Sem se dar conta, feito uma máquina, ela se afastou da janela e foi para a capela. Como que através de um nevoeiro a princesa via as portas do altar se abrirem e de lá sair um padre, acompanhado por um diácono hirsuto, provavelmente ébrio.

O que se seguiu depois, permaneceu na memória dela como um pesadelo nevoento. Deram-lhe algo para assinar e ela sentiu sua mão na mão de Aronstein – o que a fez arrepiar a espinha. Mas todas as sensações e impressões eram vagas; quanto tempo durou aquela tortura, ela não poderia dizer. Toda a sua vida se concentrou na audição: não será aquele barulho o de uma bomba? Seu único pensamento era salvar o pai...

Por fim tudo estava terminado. Quando Enoch quis valer-se de seu direito e curvou-se para beijá-la, ela soltou um grito desatinado e, com aversão indisfarçada, afastou-o de si, caindo desfalecida. Aronstein ergueu Nina, envolveu-a numa capa escura e levou-a até a carruagem parada na esquina atrás da escola. O secretário do banqueiro, *um gói de sabbat*, saltou sobre a boléia, empunhando uma bandeira vermelha, e a carruagem partiu para a casa de Aronstein.

Capítulo XII

Retornemos agora à casa do príncipe.

Gueorgui Nikititch estava em seu gabinete, conversando com o vice-governador, quando o barulho crescente chamou-lhe a atenção.

Von Zaal ficou lívido, ergueu-se da cadeira, e ao olhar pela janela disse assustado:

— Deus misericordioso, mais um levante! Olhe, príncipe, parece que a cidade inteira está de pé. De novo as torpes Centúrias Negras devem ter feito alguma violência contra os pobres judeus e eles estão vindo falar com o senhor.

O príncipe franziu o cenho e também se aproximou da janela. Von Zaal era-lhe odioso e Gueorgui Nikititch dava pouco valor às suas incriminações. Mas, olhando pela janela, o príncipe convenceu-se de que, de fato, a situação estava alarmante; uma hora antes, o comandante da polícia lhe telefonara dizendo que tudo estava calmo.

— Por favor, Guerman Guermanovitch, vá até lá e pergunte o que eles querem – pediu Gueorgui Nikititch.

Enquanto o vice-governador descia, contrariado com a incumbência, o príncipe telefonou para Procófy e pediu que ele dissesse às governantas para levarem as crianças ao quarto que dava para o jardim e não sair de lá; a notícia de que Nina tinha ido para o depósito deixou-o atemorizado.

Depois de ordenar que uma pessoa de confiança fosse buscar a filha, o príncipe retornou à janela e, indignado, viu Zaal, pálido feito cadáver, conversando, com cabeça descoberta, com um judeu magro e esfarrapado que gritava e agitava as mãos. Até aos ouvidos do príncipe chegavam frases soltas:

— Justiça...! Liberdade...! Vítimas do arbítrio...

Seguiu-se então uma algazarra ensurdecedora.

— Liberdade aos prisioneiros! Liberdade às vítimas inocentes! Zaal que vá para o inferno, queremos o governador! O governador! – urrava a turba, agitando bandeiras vermelhas.

Algum tempo depois, o vice retornava, abatido.

— Príncipe, o povo pede a libertação dos prisioneiros políticos, sobretudo os que foram detidos no dia da procissão. Eles insistem em que o senhor vá com eles para dar ordem de soltá-los.

— Por quem eles me tomam? Querem que eu vá com essa escória e ceda às exigências insolentes de libertar os criminosos – verdadeiros animais selvagens? Vou ligar para o comandante do regimento de cossacos para...

— Impossível! Os fios telefônicos foram cortados. O senhor precisa ceder. É melhor soltar aqueles loucos do que deixar que o povo invada a prisão – tentava convencer von Zaal.

Durante esta conversação a multidão foi-se avolumando. Não se sabe de onde, surgiram novos bandos e todo aquele ajuntamento excitado se apinhava diante do prédio; as pessoas de trás empurravam as da frente, de modo que a grade do jardim não resistiu à pressão, foi derrubada e a multidão, pisoteando as floreiras e derrubando os bancos, afluiu ao jardim.

Os cômodos do governador ficavam no primeiro andar; no térreo distribuíam-se a cozinha e os quartos dos empregados; para o jardim davam as janelas da sala de estar e o refeitório. As grandes janelas com cortinas rendadas chamaram a atenção daquela escória, apinhando-se nas floreiras pisoteadas; um dos maltrapilhos trepou na árvore em frente.

— Que vida levam esses lacaios do governo! – gritava ele. – Venham ver, camaradas!

Ao dizer isso, ele atirou uma pedra na janela. Seu exemplo foi seguido por outras pessoas e cinco ou seis janelas foram quebradas. No início eles se restringiram a bombardear por fora a casa com pedras e gravetos; mas depois, isso lhes pareceu pouco e alguns dos *hooligans* mais atrevidos, ajudando-se mutuamente, conseguiram trepar até as janelas, irromperam nos quartos e começaram a saquear o bufê e outras bugigangas caras na sala de estar. O saque talvez teria assumido proporções maiores, se naquele minuto não detonasse uma bomba no jardim.

Teria sido um "lançador" que soltara o artefato, ou um desordeiro que, por brincadeira, quis provocar um pânico? De qualquer forma, a turba recuou assustada; os saqueadores, ao ouvirem também tiros, saltaram para o jardim com os seus despojos e esconderam-se na confusão geral.

Mas esse alvoroço teve uma outra conseqüência. Ele causou um desfecho inesperado, desejado por von Zaal em sua conversa com o governador. O príncipe assustou-se pelos filhos, quando ouviu a explosão e os tiros.

— O senhor quer provocar a ira da multidão para que ela exploda a casa junto com sua família? – persuadia o vice-governador. – Não é melhor ceder e mandar libertar os criminosos, que mais tarde podem ser presos novamente?

Gueorgui Nikititch decidiu-se finalmente e desceu. No início ele tentou conversar com a turba, mas sua voz perdia-se na algazarra geral; ele foi imediatamente agarrado e arrastado.

Ele viu-se entre os líderes de um bando que carregava as bandeiras vermelhas e, feito ébrio, contra a vontade, seguiu em direção à prisão. Aliás, ainda que o príncipe fosse resistir, seria obrigado a andar à força – tais eram as determinações dos líderes revolucionários.

Enquanto tudo isso se passava, Arseny estava reportando-se a seu superior. Nesse instante, irrompeu um ajudante-de-ordens com a notícia de que estourara um novo motim revolucionário na cidade.

Os fios telefônicos estavam cortados e as autoridades militares eram obrigadas a enviar as ordens pelos ordenanças.

O comandante da guarnição – um general decidido e honesto que amava a pátria e, por isso, não gozava de muito apreço por parte dos superiores eivados de "liberalismo", que de todas as formas dificultavam sua liberdade de ação – emitiu imediatamente uma ordem aos seus ajudantes para tomarem as medidas indispensáveis, dizendo que fossem pessoalmente verificar o cumprimento das determinações.

Arseny foi incumbido de passar algumas resoluções aos comandantes das divisões de dragões e cossacos, aquartelados na cidade. Ao se ver na rua, ele contemplou surpreso a mudança que se verificara na cidade.

Ao seguir de manhã para o quartel, a cidade estava calma, pelo menos aparentemente; agora, ela ebulia e toda a população parecia estar de pé; pelas ruas perambulava gente arrebatada, distribuindo panfletos, acolchetando nas lapelas fitas vermelhas e propagando notícias das mais inverossímeis. Os mais prestativos, expansivos e barulhentos eram, sem dúvida, os judeus: meninotes de nariz adunco, mocinhas "estudantes" de feições típicas e trejeitos cínicos, que perambulavam pelas ruas, enfurnavam-se por entre a multidão e distribuíam, impertinentes, as proclamações aos gritos:

— Viva a liberdade...! Abaixo o czar...!

Eles paravam os transeuntes, acolchetavam-lhes as fitas vermelhas ou distribuíam as bandeirinhas, ou ainda, pediam contribuições "para o caixão do imperador".

Arseny atravessava a multidão sombrio e furioso. A cada passo, feriam-se seu sentimento nacional e dignidade. Um empurra-empurra na esquina atrasou-o por muito tempo.

No meio de uma turba, um judeu esfarrapado lia uma proclamação em voz alta e esganiçada, dirigindo insultos impublicáveis ao exército, governo, e, sobretudo, ao czar. Rindo de escárnio, o patife abriu um retrato oleográfico do czar, perfurou-o com um soco e, enfiando pelo furo a sua cara, gritou:

— O que me falta para ser um czar?

Algumas vozes indignadas da multidão foram abafadas por apupos, assobios e palavras de ordem revolucionária.

Sufocando-se de ódio impotente, o príncipe começou a abrir o caminho, esforçando-se para não dar atenção às ofensas que lhe eram dirigidas, nem para a insolência de uma moça judia que lhe cuspiu nas costas.

Ao cumprir a última incumbência, Arseny pensou em voltar para casa, a fim de conversar com o pai; mas, ao dobrar uma das ruas, ele teve de parar por causa de uma multidão densa que corria ao seu encontro e que quase o derrubou. Não se viam bandeiras vermelhas, nem armas, mas os rostos excitados ardiam de fúria. A multidão era russa e consistia de gente humilde, camponeses, operários, pequenos artesãos e contínuos de escritório. Um vendeiro de avental, de físico avantajado, que liderava o grupo, gritava alto:

— Levantem-se, ortodoxos! Temos de rechaçar os judeus. O governador vendeu-lhes a Rússia!

Arseny, como que atingido por raio, agarrou o homem pelo avental e gritou:

— Como se atreve a caluniar, seu idiota, que ele vendeu a Rússia?

— Antes de xingar, senhor oficial, deveria dar uma olhada no que está acontecendo. Encontramos o nosso governador com um bando revoltoso de judeus com fitas vermelhas.

— Sim, sim! – secundavam vozes iradas.

— Na praça da catedral já estão arrancando a efígie do czar com a águia – observou alguém da multidão.

— E o governador passeia com sua gentinha; vimos dois judeus trazendo sobre ele farrapos vermelhos. Estavam indo soltar aqueles patifes que lançaram bombas na procissão, destruíram os ícones e espancaram mulheres e crianças. Quero ser morto por um raio, se ele não é um traidor que encobre patifarias e que se esqueceu do juramento ao czar – berrava o vendeiro.

Empurrando o príncipe, ele partiu em carreira, seguido pelo bando.

Arseny sentiu tontear-lhe a cabeça e recostou-se no poste da luminária. Seu pai, liderando uma turba de revolucionários, e, sob as bandeiras vermelhas desfraldadas, ia pessoalmente para a prisão libertar os assassinos e os malfeitores contumazes?! Impossível! Entretanto, algo muito estranho estava acontecendo.

O primeiro pensamento consciente era o de se apressar para casa, para saber o que ocorreu e se Nina e as crianças estavam em segurança. Quase correndo, o príncipe dirigiu-se à casa do governador, abrindo à força o caminho e sem dar atenção ao tumulto em volta.

Saltou-lhe aos olhos imediatamente a grade derrubada, o jardim pisoteado e as janelas quebradas. A entrada principal estava trancada e Arseny teve que contornar a rua para entrar pela porta de serviço. Depois de prolongadas batidas e toques de campainha, finalmente o abatido Procófy lhe abriu a porta.

— É verdade que o papai foi à prisão com os revoltosos? – inquiriu ele, bravo.

— Sim, sim – respondeu em tom amuado Procófy, e contou o que aconteceu.

— Assim que Sua Alteza saiu, afluiu um novo bando, berrando e atirando pedras, depois eles levaram o vice-governador e o chefe da chancelaria. Ao mesmo tempo, do outro lado da casa detonou uma bomba que danificou a parede. Os criados fugiram, menos eu.

— E onde estão Nina e as crianças? – interrompeu alarmado Arseny.

— As crianças estão em cima, a princesa não voltou ainda do depósito.

— Ah, meu Deus, vou correndo até lá para evitar que algo aconteça a ela nesta confusão.

— Queira esperar, Arseny Gueorguievitch! Receio que alguma coisa de ruim está acontecendo na casa. Vassilissa me disse que assim que o príncipe saiu, um judeu anunciou-se a Zinaída Moisséevna e agora eles devem estar no dormitório, entregues aos excessos – relatou nervosamente o velho.

— Vou ver o que está acontecendo – disse Arseny e, em companhia de Procófy, foi aos aposentos do pai.

No vestuário, ao lado do dormitório eles encontraram Vassilissa. A velha estava muito nervosa e seus dentes tremelicavam como que de febre. Ao ver o jovem príncipe, ela correu até ele e o pegou na mão.

— Meu Deus, o que eles estão fazendo ali! – ela sussurrou, desanimada.

Arseny aproximou-se da porta em silêncio e através da fenda do reposteiro abaixado esquadrinhou o quarto com o olhar.

Bem à sua frente, afundada na poltrona, a madrasta escangalhava-se de riso, enquanto um senhor, em trajes garridos, de feições semíticas, estava parado de costas para ela, fazendo algo que Arseny não conseguia enxergar.

— Devagar, Kogan, faça tudo pela seqüência! O ilustre príncipe voltará tarde de seu passeio "libertador", se é que volta...

— Ah, eu ouvi de Apelzaft que ele foi sentenciado à morte pelo Comitê.

— Justamente. A bela Ninon também não mais oferece perigo. Agora são três horas e ela já se tornou senhora Aronstein. Há-há-há! Imagino a surpresa da família! A velha bruxa, que esticou as pernas de raiva do meu casamento com o príncipe, deve estar revirando-se no túmulo.

— Sim, Enoch pregou uma peça genial. Mas ele não receia que a moça faça um escândalo depois?

— Não há perigo. A vida de Arseny serve de garantia pelo seu silêncio; eu até posso alegar que ela nos tenha enganado, escondendo seu louco amor por Enoch e casando-se às ocultas; seu pai jamais permitiria tal coisa. Ela que prove que foi sem outras intenções ao seu depósito, localizado justamente na Escola de Comércio, onde nós, aproveitando a confusão, a levamos para a capela, prontinha para o casório.

E a princesa cascalhou de novo.

Arseny cambaleou, encostou-se no batente da porta e ficou imóvel; ódio e desespero o sufocavam. Era duro ouvir aquelas palavras. O pai estava sentenciado à morte; a irmã caíra numa armadilha engenhosamente preparada. Pobre Nina! Ela estava unida agora àquele judeu que sempre lhe provocou nojo. Mas onde Enoch poderia ter arrumado um pope que aceitaria perpetrar tal sacrilégio? Talvez Enoch tenha se batizado? Arseny cerrou os punhos e seu torpor momentâneo substituiu-se por afluxo de fúria violenta. Abrindo o reposteiro, ele irrompeu no quarto e estacou pasmo.

Viu que o grande ícone da Virgem, salpicado de pedrarias preciosas no adorno de ouro, estava fora da parede e posto na cadeira. Por mais de trezentos anos aquela relíquia estava com a família. Os brilhantes e as esmeraldas que fulgiam na coroa e o fecho com enorme rubi, trabalhado em pérolas, eram de valor incalculável.

Curvado sobre a imagem, o judeu escavacava com um canivete as pedrarias e as recolhia na taça ao lado. No momento em que Arseny irrompia na sala, ele acabava de colocar a última pérola na taça e afastar com um chute a imagem.

— Agora o ídolo está livre de adereços. Vamos ver se eles o venerarão ardorosamente sem isso.

Sobre Arseny, uma pessoa religiosa e devota, tal sacrilégio produziu uma impressão terrificante. O sangue afluiu-lhe à cabeça, os olhos assaltaram-se de círculos sangüíneos e ele tirou do bolso seu revólver. Neste instante, sua presença foi notada por Zinaída Moisséevna. Ao ver o rosto de Arseny irreconhecível pelo ódio, os olhos injetados e a arma empunhada, ela deu um grito e ergueu-se da poltrona. Mas era tarde. Ouviu-se um estampido: Kogan abriu os braços e tombou de bruços no tapete, sem soltar um gemido.

— Como se atreve, seu assassino?!

A princesa investiu furiosa sobre ele; mas, no mesmo instante, empalideceu e recuou. Jamais ela viu olhar igual em Arseny.

— Víbora! Serpente acalentada sob o nosso teto! – Diga o que vocês fizeram com Nina? – esbravejou, agarrando e quase torcendo o braço da madrasta.

A princesa soltou um grito e tentou se desvencilhar.

— Insano! Largue-me! Agora Nina é esposa legal de Aronstein e nenhuma raiva ou seus malditos *góis* ajudarão... E você, assassino, trate de fugir se não quiser acabar na forca...

Entretanto ela não calculara bem a força das palavras, sobretudo quando o humor de Arseny estava daquele jeito; este, de fato, tinha ensandecido, cego de desespero e fúria.

— Tanto melhor que eu morra, mas primeiro acabarei com você – desgraça e vergonha da família. Com a minha morte eu libertarei os meus – urrou ele, espumando pela boca.

Largando o revólver sobre a mesa, ele agarrou a madrasta pela garganta.

Zinaída tentou libertar-se desesperadamente, mas as forças de Arseny pareciam redobrar-se nos dedos, feito tenazes, apertando-lhe a garganta. Uma névoa sangüínea toldou-lhe a vista e ele não viu o rosto transfigurado pela convulsão da judia moribunda. Só quando cessaram os últimos estertores e seus membros se esticaram inânimes, ele a soltou das mãos e como que indiferente vislumbrou o rosto azulado do cadáver que jazia a seus pés.

Procófy e Vassilissa estavam pasmos de terror olhando aquela cena. Ao notarem que o príncipe cambaleou, o velho lançou-se para ampará-lo e o fez sentar-se na poltrona mais próxima; em seguida, molhou uma toalha e esfregou-lhe o rosto. Arseny parecia alheio a tudo, semi-estendido imóvel na poltrona, com a cabeça para trás.

— Deus nos ajude e tenha piedade! Virgem Santa, não nos deixe os pecadores – sussurrava Vassilissa.

Ela foi trancar todas as saídas e depois retornou ao aposento.

— O que faremos agora, Procófy, para que ninguém o acuse de assassinato? – balbuciou ela, agarrando a mão do mordomo.

— Temos de fazer algo antes que o príncipe se recupere – disse Procófy em tom decidido, e pôs-se a refletir.

— Faremos o seguinte. Primeiro, precisamos tirar a judia. Vamos arrastá-la pelo corredor, depois ao banheiro, pelo vestuário, e de lá desceremos o corpo para o jardim pisoteado e estragado pelos *hooligans*. Mais tarde eu o arrastarei mais longe. Pegue rápido seu chapéu e a manta; estão ali no sofá.

Dizendo isso, ele tirou dos dedos da morta os anéis, os braceletes dos punhos e os brincos. Em seguida ele e Vassilissa puseram-lhe o chapéu e o manto, arrastaram o corpo ao quarto de banhos e de lá desceram-no com uma corda para o jardim; Procófy desceu rapidamente e levou o corpo ainda mais longe, jogando-o entre densos arbustos.

Suando em bicas e ofegante, Procófy voltou ao quarto de banhos, onde por ele esperava Vassilissa.

— Pronto... Deixe que procurem pelo assassino! Deixei dois anéis e um bracelete largados no jardim, as jóias restantes atirei na calha. Vão pensar que ela, ao sair de casa, topou com um assaltante e foi morta. E agora vamos; talvez Arseny Gueorguievitch tenha se recuperado. Precisamos nos desfazer daquele cadáver do judeu...

— Não faça nada – disse Vassilissa. – Deixe aquele sacrílego deitado lá. O príncipe fez bem em ter acabado com ele. Seu canivete na mão e o ícone com as pedrarias arrancadas são mais do que provas incontestáveis. Além disso, somos testemunhas.

Ao retornarem ao dormitório, viram Arseny na mesma situação em que o haviam deixado.

— Agora eu entendo: a princesa e o judeu estavam contando com incriminar as Centúrias Negras, jogando a culpa pelo furto, como que em vingança de ter o príncipe ido soltar os criminosos. No mínimo foram eles mesmos que quebraram as vidraças, abriram as janelas, rasgaram as cortinas e espalharam objetos de toalete embaixo das janelas; olhe lá uma escova de prata! Que biltres, Deus me perdoe! – resmungava indignada Vassilissa.

Procófy deu para Arseny aspirar o amoníaco, enquanto Vassilissa esfregou seu rosto com toalha embebida de água de colônia. Por fim, ele estremeceu e retesou-se.

A excitação vivida deu lugar ao desespero. Após lançar um olhar de ódio e nojo para o cadáver, ele passeou a vista pelo quarto.

— E onde está aquela miserável? – murmurou ele, estremecido.

— Não se preocupe, Alteza, com aquela bruxa! Deus a castigou pelas malfeitorias, por suas mãos – consolou Procófy.

Ele relatou então o que ele e Vassilissa fizeram para dar uma versão diferente à morte de Zinaída Moisséevna. Arseny enxugou a testa, abraçou e beijou os dois criados.

— Precisamos ver agora o que fazer com respeito ao papai e a Nina. Deus queira que eu consiga salvá-los!

Aos poucos a energia lhe voltava; seu ódio a Zinaída propiciava o prazer de ter acabado com aquele monstro, que o humilhara em seus próprios olhos. Juntamente com as forças retornadas, animou-se o seu espírito e a sede de atividade.

Ele foi ao gabinete do pai e escreveu uma carta a Aliablev, nela relatando a cilada ignóbil em que caíra Nina e prometendo libertar a irmã.

O mais difícil era encontrar alguém que levasse a carta e, sobretudo, a entregasse a Aliablev, pois este não se encontrava em casa. Após meditar, ele resolveu enviar seu ordenança – um soldado jovem e leal; este estava na casa arrendada por Arseny, onde então morava para ficar longe da madrasta.

Após fechar e endereçar a carta, Arseny saiu da casa do pai decidido, assim que enviasse a carta, a sair em busca do pai e, depois que o pusesse a salvo, exigir explicações de Aronstein, com firme propósito de matá-lo para salvar a irmã, ainda que tivesse mais tarde de meter uma bala na própria cabeça.

Um acaso favoreceu-o. Não longe de casa, ele encontrou o criado de Aliablev, que, preocupado por Nina, mandou-o à casa do governador para se certificar se tudo estava em ordem e se a família do príncipe se encontrava em segurança. Dele, Arseny soube que Kirill Pavlovitch procurava pelo príncipe por causa de boatos dizendo que ele estava morto ou ferido gravemente por um dos criminosos, soltos pelos revolucionários.

A segunda novidade, relatada pelo criado, consternou tanto o príncipe, que por ora ele se esqueceu do pai. Gaguejando de nervosismo, o criado de Aliablev contou que, retido na praça da Duma municipal por causa de um grande congestionamento de pessoas, ele viu no balcão do prédio o banqueiro discursando para o povo, injuriando o czar, o governo, etc... com palavras que ele se envergonhava de repetir. Além disso, parte do discurso, parte das conversas do povo, ele soube que o Soberano foi destronado, foi proclamada a República e que o presidente eleito era Aronstein, compondo-se seu gabinete de judeus.

Recuperado do choque, Arseny ordenou que ele achasse a qualquer custo o senhorio e lhe entregasse a carta, decidindo correr imediatamente para a prisão para saber o que havia acontecido ao pai.

Tudo lhe estremecia e fervia ao ver a inércia das autoridades. Os policiais, aqui e ali espalhados, estavam, é claro, impotentes para empreender algo; das conversas em voz alta foi possível intuir que o exército se achava amotinado e passou para o lado dos revoltosos.

Um indescritível sentimento de amargura e desespero tomou conta do coração de Arseny. Submetendo-se à pressão da madrasta com medo de que esta revelasse ao pai o seu relacionamento, não teria ele, fechando os olhos, contribuído com a amotinação nas casernas? Oh, por que ele não meteu uma bala na testa ao invés de ter cedido à chantagem! Bem, não era o momento para arrependimentos, a morte de Zinaída foi uma desforra justa...

Esses pensamentos atropelados assaltavam sua mente enquanto ele se dirigia apressado para a cadeia. Ao ter dobrado uma esquina e tendo saído para a avenida da prisão, subitamente ele foi detido por uma cerrada e barulhenta multidão, cantando a Marselhesa e gritando:

— Viva a República!

Consciente da impossibilidade de caminhar contra o mar de gente que se aproximava, Arseny galgou os degraus da entrada de um prédio e recostou-se à porta para aguardar até que a lava humana passasse.

Daquela altura ele podia divisar a manifestação, embrutecida pela loucura, da bacanália geral daqueles dias e que servia para ilustrar a insolência do judaísmo, imaginando-se nos píncaros do poder e certo de sua impunidade.

Com os escolares na frente, empunhando bandeiras vermelhas, seguiam-se-lhes os estudantes judeus e os "cursantes", como o povo apelidou os alunos de cursos superiores, carregando um boneco sem cabeça, em cujo peito se via a inscrição: "Monarquia acéfala". Atrás trotava o cavalo do ruivo Jaffe, que desfraldava um estandarte com os dizeres: "Liberdade, Igualdade, Fraternidade", e, a alguns passos na frente dele, dois judeuzinhos levavam na corda um cão, com uma coroa encimando a cabeça e, embaixo do rabo – a bandeira tricolor da Rússia.

Diante daquela insolência humilhante, os transeuntes desnudavam as cabeças e, quem não o fizesse, tinha os seus chapéus arrancados, sendo obrigados a ficarem de joelhos.

Respirando pesado, Arseny olhava para aquele espetáculo vil, que ultrajava e pisoteava tudo que ele amava e venerava ciosamente: o czar, a pátria e a dignidade nacional. De súbito, um forte golpe derrubou-lhe o chapéu, tirou-o do entorpecimento e ele viu ao lado uma jovem judia que, com ar provocador, gritou-lhe malcriada:

— Seu parvo, por que não está rendendo homenagens à passagem do símbolo da libertação do povo contra a tirania secular?

O sangue afluiu-lhe à cabeça. Empurrando com violência a "libertadora", que aos gritos tombou de bruços, Arseny tirou do bolso o revólver e atirou em Jaffe; este soltou a bandeira e, inundando-se de sangue, despencou do cavalo.

Por instantes a multidão parou estupefata; levantou-se uma gritaria indescritível, ouviram-se tiros e, atingido no peito, Arseny tombou sobre os degraus da casa.

Difícil seria prever como tudo iria acabar. Era bem provável que o príncipe seria rasgado em pedacinhos se, nesse instante, não apontassem no começo da rua, trotando, cerca de cem cossacos e a multidão covarde debandou, espalhando-se.

Capítulo XIII

Logo após a saída de Arseny da casa do pai, para lá foi levado Gueorgui Nikititch, ferido.

Arrastado pela multidão em direção à cadeia, ele foi testemunha impotente da libertação dos criminosos. Instruída por discursos dos "libertados" e "libertadores", a turba dos amotinados foi levar o governador para uma outra prisão; neste ínterim, um novo bando liderado por professores arquiliberais, advogados e médicos – judeus em sua maioria –, corria pelas delegacias distritais soltando gatunos, assaltantes e assassinos.

Morrendo de vergonha, o príncipe tentou, desesperado, fugir daquela escória, aproveitando o aparecimento de um comando militar. Neste ínterim, porém, dos telhados e janelas das casas de judeus choveram tiros e no governador foi atirada uma bomba. O príncipe livrou-se com apenas uma contusão na cabeça e, uma vez que ele estava caído inconsciente e todo ensangüentado, o bando ensandecido julgou-o morto e não obstou a que seu corpo fosse levado para casa.

Dispersos pelo pânico, os criados aos poucos retornavam a casa e, quando o ferido foi trazido, todos começaram a procurar pela princesa. Foi então que deram com o cadáver do judeu, ao lado do ícone despojado.

Procófy, que se mostrou surpreso e aturdido, ocupou-se só do príncipe. Ele determinou que o ferido fosse levado para um outro cômodo, trancou a porta e lhe fez uma atadura preliminar.

Nesse meio tempo, Vassilissa conversava em seu quarto com a costureira Fênia, esposa do soldado reformado Khlopin, aquela que deu alarme quando do justiçamento de Leizer com a esposa. Com lágrimas nos olhos, a aia contava para a sua visita a infame cilada em que caíra sua senhoria, temendo que a princesa viesse a se matar só para não pertencer àquele homem. Irada, Fênia a consolava, expressando a esperança de que Deus castigaria aqueles vendedores de Cristo por todas as suas maldades. Por fim, Fênia se despediu da desconsolada Vassilissa.

Retornemos agora a Nina.

Ela redobrou os sentidos, quando a carruagem parou em frente da casa de Aronstein. Enoch fê-la saltar do carro e ofereceu-lhe a mão; ela, porém, ignorou o gesto e, calada, pôs-se a galgar a escadaria maravilhosamente decorada por rosas em flor e citronelas, em cujas laterais se perfilaram os funcionários miúdos da casa bancária. No salão de recepção, por eles aguardavam os funcionários graduados e mais alguns senhores desconhecidos; ali mesmo se postava também Leizer Itselzon, com sorriso reluzente no rosto.

Pálida feito cadáver, Nina caminhou calada, sem responder às reverências, aos cumprimentos e votos prodigalizados. Da mesma forma, ela parecia não ouvir Aronstein apresentando-lhe os presentes. Finalmente, aproximou-se Leizer, e Enoch disse:

— O seu primo, cara Nina, também veio lhe render suas saudações. Provavelmente lhe será agradável encontrar uma pessoa próxima no meio de tantos desconhecidos.

Nina pareceu acordar, estremeceu, e mediu aquele "primo" e "pessoa próxima" com olhar de tão profundo desprezo, que este ficou sem jeito. Mas seu constrangimento durou apenas um segundo e Leizer falou com desembaraço, ainda que fingido:

— Uma forte enxaqueca impediu que Lili viesse; mas ela associa-se aos meus cumprimentos. Permita-me acrescentar que estou infinitamente feliz em cumprimentá-la como esposa de Evgueny Danilovitch. Primeiro, porque para mim isso foi uma agradável surpresa; depois, isso é prova patente que a cada dia que passa vão desaparecendo os preconceitos infundados que causam tantas divergências e desgraças – adicionou ele, apertando a mão.

Durante esta fala, um dos presentes aproximou-se de Aronstein e eles trocaram algumas palavras, em sussurro, após o que todos passaram para o salão japonês.

Nina não se sentou, recostando-se numa poltrona.

— Não me moverei daqui, enquanto não vier meu pai e não resolva a minha sorte – sustentou ela, com tremor na voz.

No rosto do novo Evgueny Danilovitch fulgiu um sorriso de desprezo.

— A senhora insiste à toa, cara Nina. Deve ter esquecido que seu pai não resolve mais nada. Apenas eu, seu marido de papel passado, tenho direito de lhe dar ordens. Finalmente, para uma conversa íntima escolheremos uma noitinha, quando estivermos a sós; por enquanto eu me restrinjo à seguinte explicação: a partir de hoje de manhã estamos vivendo sob novo regime – República, da qual fui eleito presidente, e os senhores que acabei de apresentar são novos funcionários. Quanto ao seu pai, a partir de hoje ele é um cidadão comum como outros. Mas a senhora há de entender que perigo constitui um alto representante do regime derrubado e assim não acho sensato...

— Talvez o senhor já o tenha matado?! – interrompeu Nina, em tom inquieto. – Não existe vilania de que o senhor não seja capaz.

— Sua surpreendente insolência eu perdôo por enquanto; mas disso falaremos mais tarde. Agora, para meu enorme desgosto, sou obrigado a deixá-la por um breve período. As obrigações advindas da minha nova posição exigem que eu esteja presente na Duma para organizar o meu novo governo e tomar medidas inadiáveis. A senhora pode se recolher por enquanto aos seus aposentos, mas, quando eu retornar, almoçaremos em companhia de alguns amigos que convidei para festejar o nosso casamento.

— Parece que eu já lhe falei que não sairei daqui sem antes ver o meu pai.

— Seja como quiser, minha teimosa consorte!

Ele se virou e saiu; os convidados, por delicadeza, já tinham passado a outro salão. Momentos depois, Aronstein retornou com dois jovens judeus, armados de Browning, e os deixou postados junto à porta.

— Hoje é dia de desordens e é possível até que os reacionários arrisquem invadir minha casa. Esses senhores ficarão aqui até eu voltar, para lhe dar segurança.

Sem receber resposta, ele saiu; Nina deixou-se cair na poltrona. Para ambos os judeus que a vigiavam, ela não deu a mínima atenção.

Só então, um pouco mais calma, analisou os fatos e as conseqüências e, abatida, baixou a cabeça sobre as mãos. Como aquele canalha calculou bem que ela não teria coragem de ver seu pai morto! E ela o teria salvado com o seu sacrifício? Talvez ele estivesse morto! Que valor ele tem para eles, se ela já está atada? Mas, estando ele vivo ou não, Enoch equivocou-se em seus cálculos. Ela buscaria a morte ainda hoje... A morte é mil vezes melhor do que pertencer àquele asqueroso que só lhe provoca terror, que achincalhou os seus sentimentos e arruinou sua futura felicidade... Não será fácil acabar consigo, pois aquele miserável fará tudo para evitar isso. Mas, tanto faz, ela encontrará um meio...

Com dor dilacerante no coração, ela pensava no noivo. Kirill Pavlovitch não ficaria indiferente, é claro, e tentaria salvá-la, mas os judeus o matariam de qualquer forma.

O tempo corria, enquanto essas reflexões, planos e decisões lhe assaltavam a mente. Ela nem sequer se movia, sentada na poltrona. Uma vez, aliás, quando o olhar se deteve na aliança, arrancou-o com asco e atirou para longe; mas um dos vigilantes levantou-o em silêncio e colocou na prateleira.

Passaram mais de duas horas, quando, finalmente, Aronstein retornou. Estava nervoso e preocupado.

— Vamos! Logo servirão o almoço – disse ele.

— Onde está o meu pai? Informou-o de que estou aqui? – inquiriu Nina, sem se mexer do lugar.

— Seu pai voltou para casa e virá sem falta para cá. Deixe-o descansar um pouco depois do emocionante passeio.

E ele deu um sorriso irônico.

— Aliás – prosseguiu ele –, sua vinda em nada poderá mudar o fato consumado. O nosso casamento é legal, os seus papéis estão em perfeita ordem, a senhora assinou o livro e a vida de seus familiares servirá de garantia; esse seu consentimento voluntário a senhora confirmará na presença do príncipe. Agora, peço-lhe vir sem fazer escândalo, pois não é hora de denguices – concluiu ele, cerrando o cenho e obrigando-a a levantar-se.

Nina estava consciente de sua impotência e compreendia o risco de ser maltratada; além disso, ela tinha intenções de esconder uma faca durante o almoço.

Uma mesa servida para uns vinte talheres dobrava sob o peso de pratarias e cristais, em meio de ramos de rosas e citronelas. Uma outra mesa comprida abrigava as entradas, junto à qual se apinhavam os convidados, que se consistiam, sobretudo, de membros do "novo governo", de alguns advogados, médicos e dois professores.

Todos conversavam ruidosamente e o advogado Goldstein falava da manifestação dos operários, entoando pela cidade hinos revolucionários.

— Com bandeiras vermelhas e a polícia na frente – ironizou ele, rindo.

— Excelente, excelente! – observou um dos professores. – Disseram-me ter havido uma outra passeata, a das Centúrias Negras, carregando panos tricolores. Falaram que a multidão era até grande e consistia de mujiques, operários e demais escória, que devem ter ficado depois da feira. Tudo parece que foi organizado por um soldado mutilado e um empregado de banca de carnes, esbravejando contra os libertadores e, é claro, sobretudo contra os pobres judeus, esses eternos bodes expiatórios e vítimas das provocações do governo derrubado.

— Fu! A gente acerta as contas com esses canalhas; uma bela bombinha lhes propiciará a felicidade de morrer como "mártires da pátria" – riu jocosamente um judeu atarracado, rosto gordo, mastigando ruidosamente um sanduíche de caviar.

— Já me informaram dessa manifestação e sobre os patifes que tentam pôr o povo contra nós e o governo. Eu até mandei chamar Boiavsky para lhe expedir as devidas ordens – disse Aronstein.

Nesse instante, no limiar da porta surgiu o comandante da polícia. Com sorriso doce na face e curvando servilmente o dorso, ele aproximou-se de Aronstein em passos apressados e reverenciou-o.

Uma aversão indescritível assomou-se de Nina ao ver aquele traidor que, com servilismo canino, rastejava diante dos assassinos insolentes e festivos.

Ela não conseguiu ouvir toda a conversa, pois falavam baixinho; mas, de qualquer forma, até ela chegaram algumas frases do novo *Presidente da República.*

— Eu estou mantendo o seu posto, Boiavsky, mas o senhor será responsabilizado, se o bando das Centúrias Negras fizer baderna na cidade. Prenda imediatamente os dois patifes provocadores e enforque-os no primeiro poste. Avise também os comandantes das divisões militares para que dispersem os saqueadores com a cavalaria. Os cidadãos que tiverem sua vida em risco podem, com a minha permissão, usar de armas.

Nina não conseguiu ouvir a resposta do comandante da polícia, já que ele falou sussurrando, tendo lançado um olhar significativo em sua direção. Depois, ele se aproximou dela com uma reverência e balbuciou um cumprimento; mas Nina deu as costas, fingindo não o ter notado, de modo que Boiavsky se retirou frustrado.

— Seu comportamento está saindo dos limites do permissível e a minha paciência começa a se esgotar – sibilou Aronstein no ouvido de Nina ao se sentarem à mesa.

Mal foram retirados da mesa a sopa e os *pirojki*, aos quais os presentes, com exceção de Nina, renderam as devidas honras, da rua chegaram os sons de alarido, no início surdo, mas aos poucos tornando-se cada vez mais forte. Ao que tudo indicava, aproximava-se uma enorme multidão que urrava feito mar bravio.

— Deve ser uma comitiva, vinda para cumprimentar o nosso presidente – observou feliz um dos convidados.

Mas, neste instante, ouviu-se um majestoso coro de mil vozes e nitidamente chegaram as palavras do hino:

... Reine, temido por inimigos,
Czar ortodoxo!...

— Malditos! – urraram alguns judeus sentados à mesa, e, saltando das cadeiras, foram até o balcão.

A maior parte dos convidados seguiu o exemplo e alguns dos mais insolentes e irascíveis começaram a dar tiros. Algumas pessoas foram feridas e uma das balas atingiu o retrato do czar, carregado na frente pelos camponeses.

Houve um tumulto e a rua imediatamente se encheu de gente. Da multidão ouviram-se gritos:

— Morte aos judeus!!! Traidores!!! Aqueles sanguessugas e vendilhões de Cristo atiraram em nós!!!

Uma enorme pedra lançada da rua atravessou o vidro e atingiu um lustre e um vaso de cristal, despedaçando-os e lançando estilhaços por todos os lados. Mas esses estrondos foram abafados pelos urros furiosos da multidão que bombardeava com pedras as janelas da fachada e, depois, lançou-se sobre a casa; o barulho e os gritos já podiam ser ouvidos na escadaria.

Com tal mudança brusca de situação, os atiradores intimoratos fugiram do balcão para a sala de jantar, correndo para todos os lados na esperança de encontrar uma saída. Nesta confusão, o próprio Aronstein foi atropelado e empurrado por seus corajosos amigos para longe de Nina; esta, aproveitando-se do tumulto, correu para uma sala contígua que se verificou ser uma biblioteca.

Todas as paredes estavam cheias de altas estantes de madeira cinzelada e Nina escarafunchou-se entre uma estante e tubos de calefação. Tirando do pescoço a imagem de São Nicolau, que ganhara da avó, ela a premeu contra os lábios, suplicando proteção. E o grande santo milagreiro atendeu a sua prece e a protegeu com sua mão. A biblioteca continuou vazia e os atacantes que travavam uma cruenta luta nos quartos vizinhos pareciam tê-la esquecido.

No início Nina ouviu um barulho medonho, alternado por tiros e gritos desatinados; em seguida, ouviu-se o som de louças quebrando e, mais tarde, como que da rua chegava um barulho surdo. Aparentemente estavam quebrando e lançando para a rua a mobília e objetos.

Finalmente, após algum tempo, que para Nina pareceu uma eternidade, o barulho na casa começou a diminuir, ouviram-se mais tiros e o tropel de cavalos e, depois, tudo mergulhou no silêncio.

Nina achou que era o momento oportuno de fugir dali e tentar chegar em casa, quando ouviu chamados sôfregos:

— Nina! Nina!

— Estou aqui – gritou ela em resposta, ao reconhecer a voz de Aliablev.

Meio minuto depois, ele irrompia no quarto e Nina, soluçando, atirou-se em seus braços.

— Salve-me! Liberte-me! Morrerei, mas não pertencerei àquele monstro que me atraiu para uma cilada infame.

— Então é verdade?! Falaremos disso mais tarde. Precisamos sair daqui; a casa está destruída e cheia de cadáveres, eu quase tropecei em um quando corria para cá. E onde está esse cão imprestável do Aronstein?

— Assim que a multidão invadiu a casa, eu me escondi aqui e não faço a menor idéia de onde ele possa estar.

Kirill Pavlovitch procurou na semi-escuridão pelo interruptor e ligou a luz.

Bem ao lado da porta jazia um corpo.

— É ele! – gritou Nina, premendo-se ao noivo.

De fato, numa poça de sangue jazia Aronstein de braços abertos. Teria ele visto Nina correndo para se esconder na biblioteca, ou simplesmente foi para lá para se refugiar? Seu fim foi acompanhado, pelo visto, por luta. Seus trajes estavam rasgados, a gravata arrancada e no peito se via um grande ferimento; o sangue inundou a camisa e o tapete.

— Está morto. O destino apiedou-se da senhora e resolveu a questão. Está livre agora!

— Graças a Deus! – ela sussurrou aliviada, cerrando os olhos e virando-se.

Subitamente ela estremeceu.

— Papai está vivo? Meu Deus! Com todo esse horror eu me esqueci até de perguntar por ele.

— O príncipe está em casa e eu o vi. Ele teve uma contusão na cabeça e está com a perna ferida; mas, felizmente, encontra-se fora de perigo. Tenho, porém, uma notícia muito triste, pobre Nina... Arseny está ferido e tão gravemente, que não há esperança de salvá-lo...

Ao vê-la cambalear e desabar em pranto, Aliablev abraçou-a e beijou-a meigamente.

— Tenha coragem, querida! Por pior que seja, devemos agradecer a Deus... Vamos para casa! Tenho uma carruagem pronta a uma quadra daqui. Seu pai está muito preocupado com a senhora. Mas como irá sem o sobretudo? Espere, vou ver se acho algo!

— Não, não! Não quero ficar sozinha por nada com esse cadáver! – suplicou Nina, agarrando-lhe a mão.

Entretidos pela conversa, nenhum deles percebeu Enoch se mexer; e que, agarrando-se no reposteiro de veludo, reergueu-se e sentou-se. Com os olhos esbugalhados, ele olhava perscrutadamente para ambos e pelo rosto espalhava-se ódio diabólico e fúria; a convulsão tolhia-lhe a garganta e ele era incapaz de emitir qualquer palavra. O corpo moribundo ainda abrigava uma paixão louca e vontade de viver. Dominando a dor violenta que lhe dilacerava o peito, Enoch lentamente rastejou feito serpente em direção à estante cinzelada e, a muito custo, apertou um botão que abriu a portinha. No interior de uma gaveta eram guardadas cerca de dez bombas de potência diferente. Com a mão enregelada, tentava alcançar pelo menos uma para lançar ou rolá-la até o casal apaixonado. Mas, neste ínterim, Nina percebeu o movimento de Aronstein e pelo seu olhar de ódio, pregado a eles, adivinhou a sua intenção.

— Olhe! – ela conseguiu gritar assustada.

Aliablev virou-se imediatamente, sacou o revólver e atirou. Aronstein balançou e espatifou-se no chão. Mais um segundo e ele teria executado seu intento diabólico...

Kirill Pavlovitch respirava com dificuldade e estava pálido. Aproximando-se do corpo, examinou-o com cuidado.

— Desta vez, acertamos as contas – balbuciou, enxugando o rosto. – Vamos embora depressa; aqui a morte nos espreita a cada passo. Sabe-se lá que diabo de arsenal eles têm aqui. Precisamos avisar a polícia para colocarem sentinelas, cercar a casa e fazerem uma busca, para evitar alguma explosão...

E eles foram celeremente em direção à saída, atravessando os salões há pouco tão magnificamente decorados.

Os enormes espelhos quebrados, os lustres e os drapejados arrancados, as bugigangas pisoteadas e os cacos de louça, tudo testemunhava a fúria que assolara aquele lugar. O salão japonês estava totalmente depredado e vazio; embaixo das janelas, na rua, espalhavam-se fragmentos de vasos valiosos, móveis laqueados com incrustações maravilhosas e, alternando-se com restos quebrados do piano, viam-se montes de roupas e almofadas rasgadas.

No vestíbulo, jaziam também cadáveres, alguns dos quais pertenciam aos pogrómshiki – mujiques e operários – e, no meio deles, junto da porta, jazia de costas um senhor em trajes de janota, cujo rosto estava coberto de sangue.

Aliablev olhou para ele e recuou.

— Meu Deus! Será Itselzon?

— Bem, se ele está realmente morto, a infeliz Lili também está livre – murmurou Nina.

Kirill Pavlovitch tornou a curvar-se sobre o cadáver e examinou-o.

— Acertaram-no com uma pedra na cabeça, mas o sangue coagulado impede ver o ferimento. A julgar pelo corpo enrijecido, ele deve ter tido morte instantânea – considerou, levando Nina para a saída.

Na rua ele teve de carregar a noiva através dos escombros e montes de lixo; depois, correram até a carruagem de Aliablev e partiram para a casa do governador.

Capítulo XIV

Na casa do príncipe era só dor e confusão. Foram trazidos dois corpos: o de Arseny, transportado por soldados, e mais tarde – o cadáver de Zinaída. Um dos criados, ao passar pelo pomar, viu o corpo da princesa e alertou a casa. Vindos para visitar o príncipe, von Zaal e um médico, que fez os curativos em Gueorgui Nikititch ainda desfalecido, eles foram para o local da ocorrência em presença dos policias, onde foi feito um laudo. Mas a única coisa que puderam constatar foi que a princesa tinha sido sufocada e roubada.

O vice-governador encontrou perto do cadáver um bracelete, e um criado – um anel, provavelmente perdidos pelos assaltantes. Não havia outras pistas evidentes e o corpo foi transportado ao *boudoir*, uma vez que o cadáver do judeu morto ainda não tinha sido retirado do dormitório; devido ao grande valor das jóias tiradas do ícone, que estavam na taça, o quarto foi trancado à chave.

Quando o príncipe recuperou os sentidos, o médico, com as precauções possíveis, comunicou-lhe a morte do filho mais velho e da esposa.

A morte de Arseny foi um duro golpe para o pai. Vertendo lágrimas copiosas, desejou imediatamente ver o corpo do filho, mas o médico se opôs; então, Gueorgui Nikititch pediu para chamarem Nina e ficou aterrorizado ao saber que ela ainda não havia voltado. O príncipe já se preparava para mandar comunicar o desaparecimento na delegacia policial mais próxima e pedir que fosse feita a busca da filha, quando chegou Boiavsky. Aflito, ele relatou que os *pogroms* grassavam por toda a cidade e os reacionários, incitados por "provocadores", estavam massacrando os "pobres" judeus, saqueando suas casas e bens. Ao pedido do príncipe, em achar a filha, Boiavsky informou que a princesa tinha casado no mesmo dia com Aronstein e, evidentemente, estaria com o marido; mas como o povo estava destruindo – como chegou ao seu conhecimento – a casa do banqueiro, ele não poderia garantir a sorte de Nina Gueorguievna. Não houve tempo de Boiavsky concluir o relatório.

Ao ouvir que Nina estava casada com Aronstein, o príncipe perdeu novamente os sentidos; Boiavsky, muito feliz por ficar livre, foi consultar-se com von Zaal sobre o melhor modo de fazer "os miseráveis patriotas" tomarem juízo.

Apreensivo sobre o destino da filha, o príncipe revolvia-se na cama, quando, de súbito, acompanhada por Aliablev, Nina irrompeu no quarto e caiu de joelhos diante do pai.

— Pobre criança, o que lhe fizeram? Que expedientes usaram para atá-la àquele judeu – dizia o príncipe, premendo convulsivamente a filha a si. – Estou amaldiçoado... eu desgracei os meus filhos – gemeu ele em voz surda.

— Acalme-se, Gueorgui Nikititch. A misericórdia divina encarregou-se do problema. Aronstein está morto, punido pela justiça do povo e Nina Gueorguievna está livre. Neste momento, a casa do banqueiro deve estar cercada e sendo vasculhada, pois ao lado do cadáver vimos uma gaveta cheia de bombas que, felizmente, Aronstein não teve tempo de usar.

— Escreva imediatamente ao coronel Ivanov, em meu nome, mandando fazer uma busca minuciosa no local, e peça-lhe para enviar-me o relatório – ordenou o príncipe.

A presença de Nina e a notícia de sua viuvez deu-lhe um novo ânimo; entretanto, o revigoramento temporário esvaiu-se rápido e deu lugar a uma modorra agitada.

Para não perturbar o pai, Nina quis ver o irmão e a triste verdade teve de ser dita. Ela chorou e orou por muito tempo, junto ao corpo de Arseny, tentando entreouvir-lhe a respiração, de tão inaceitável era a idéia de que ele estava realmente morto. A perda do querido irmão foi para ela um golpe duríssimo.

Após ter-se esvaído em lágrimas, Kirill Pavlovitch contou-lhe da morte de Zinaída Moisséevna pela turba e como os de casa encontraram no dormitório da princesa o corpo do judeu que dilapidara a imagem da Virgem.

— Pela graça de Deus, estamos livres da canga vergonhosa que oprimia todos nós.

Cedendo aos pedidos do noivo, Nina foi descansar no quarto; enquanto isso, Kirill Pavlovitch expediu as devidas ordens para que o corpo de Arseny fosse lavado e vestido. Vassilissa expressou o desejo de ler os salmos junto aos restos de seu favorito, até a manhã, quando seria substituída por monjas chamadas do monastério.

Tendo feito tudo que podia para ajudar a família dos Pronsky naquela triste situação e convencido de que o príncipe estava dormindo, Aliablev decidiu voltar para casa.

A cidade estava envolta em silêncio tenebroso. Nenhuma alma na praça; as portas e janelas fechadas hermeticamente. Não se via sequer uma lâmpada acesa e toda a cidade parecia morta.

Com o revólver na mão, Aliablev caminhava com passos apressados pelas ruas escuras e vazias, quando de súbito, ao passar ao longo da grade de ferro de uma das casas, parou.

Ali morava Itselzon. Era bem possível até que a viúva ignorasse a morte do marido; precisava preveni-la dos acontecimentos, para que ela pudesse esconder os títulos valiosos – se é que esses existiam –, ou se o bando de judeus já não tinha ido atrás da herança. Sem dúvida, Lili tinha mais direito a eles, já que Leizer torrara todo o seu dote.

A casa, um sobrado, era isolada da rua por um jardim e ainda que o portão de entrada não estivesse trancado, todas as janelas estavam escuras. Apenas contornando a casa, Aliablev viu uma luz a se filtrar através das cortinas do *boudoir*. Ao atirar um punhado de areia na janela, ele gritou a meia voz em francês:

— Lídia Antonovna, aqui é Aliablev. Se estiver me ouvindo, abra a porta.

— É o senhor? Graças a Deus! Estou totalmente sozinha e morro de medo. Vou lhe abrir a porta imediatamente.

— Onde está a criadagem? – perguntou Kirill Pavlovitch, ao se ver no *boudoir*.

— Não há ninguém. Meu marido saiu de manhã e até agora não voltou; a cozinheira e a camareira disseram que iam festejar a "liberdade" e também não voltaram. Estou só aqui, sem almoço, sem chá, morta de medo – disse Lili, lacrimosa.

— Aliablev narrou-lhe os acontecimentos do dia, desde o revoltante e violento casamento de Nina, terminando com a morte de Arseny, Zinaída Moisséevna e seu marido. Lili ouviu a narrativa em silêncio, pálida e pasma. Ao saber da morte do marido, ela persignou-se.

— Talvez Deus se tenha apiedado de mim, livrando-me do homem que me odiava e ao qual me atei por idiotice.

Aliablev aconselhou-lhe dar uma olhada na escrivaninha do marido, caso ela tivesse a chave.

— Todos os papéis valiosos ele trancava num armário à prova de fogo, que fica no dormitório, guardando consigo sempre a chave. Mas hoje de manhã, ao receber um bilhete de Aronstein, com a pressa de se vestir esqueceu a chave no criado-mudo e eu a guardei. Acredito até que posso abrir a gaveta.

Após um certo esforço, Lili conseguiu abrir a porta do armário e junto com Aliablev examinou o interior. Qual não foi sua surpresa, ao achar numa seção secreta, praticamente tudo o que lhe fora deixado em dote; os títulos a longo prazo tinham sido, segundo as palavras de Leizer, perdidos com a bancarrota do Banco Blokher. Num envelope, acharam uma soma substancial em dinheiro e uma série de cartas, confirmando que aqueles recursos se destinavam à propaganda da revolução.

— Em princípio, a senhora teria o direito a este dinheiro. Bunt praticou tantas atrocidades, que subtrair dele parte dos haveres criminosos é o mesmo que tirar arma de bandido. É até um dever seu! – observou, sorrindo, Kirill Pavlovitch.

Mas Lili não concordou com os argumentos.

— Causa-me asco tudo que se refere a judeus – disse ela. – Ademais, o sumiço do dinheiro pode provocar suspeitas, de modo que pegarei só o que é meu.

Após trancar o armário, ela pediu a Aliablev para acompanhá-la à casa do tio, temendo ficar sozinha ali.

Kirill Pavlovitch atendeu ao pedido e levou-a até a casa do governador; assim que a porta se fechou, ele foi para casa.

Iniciaram-se tempos difíceis para o príncipe e sua família. Ainda que a contusão na cabeça não doesse, o ferimento na perna deixou o príncipe preso ao leito por três semanas. Não contribuía também para sua recuperação a excitação nervosa, causada por diversos aborrecimentos.

No dia que se seguiu aos episódios medonhos, Gueorgui Nikititch sentiu-se melhor; sua alma, contudo, sofria ao pensar em Arseny. Lamentavelmente, sua mãe tinha tido razão ao profetizar que aquela judia e seu ouro trariam desgraça para a casa; melhor teria sido permanecerem pobres.

Durante o dia, ele foi visitado pela filha e por Lili; Nina contou, a pedido do pai, a cilada que lhe armaram.

— Jamais poderei agradecer-lhe, minha criança, por tanto amor! Você sacrificou por mim sua vida – sussurrou, emocionado, o príncipe.

— Deus é misericordioso e livrou-me do terrível jugo; você também, papai, está livre. Se Arseny estivesse vivo, a felicidade seria completa – sustentou Nina, enxugando as lágrimas.

Subitamente ela agarrou a mão do pai e premendo-a aos lábios pediu:

— Quero que faça uma coisa. Entre com o pedido de demissão de seu cargo e viajaremos para longe deste buraco. Sua vida corre constantes riscos e você nada pode fazer; sua situação entre essa gangue é insustentável. Ainda ontem Aronstein teve a insolência de dizer que você foi destituído, que foi proclamada a República, sendo ele o presidente eleito. Nesta orgia de judeus e amotinados, um homem verdadeiramente russo é dispensável.

O príncipe suspirou pesadamente.

— Tem razão, minha filha. Um russo hoje é órfão da pátria. Prometo-lhe: dentro de alguns dias levarei o pedido de demissão, embora ache que os problemas ainda estão começando, pois em Petersburgo terei de me explicar ou ainda... – ele sorriu desanimado – serei julgado por não ter previsto e evitado as desordens e os pogroms do "pacífico" povo judeu. Aposto como von Zaal e Boiavsky já encaminharam esbravejantes denúncias contra mim no Ministério. Quem é que vai defender um russo, ou, da mesma forma, aqueles infelizes que se amotinaram contra o desmando das autoridades e praticaram a justiça a seu modo. Apodrecerão nas prisões ou morrerão na Sibéria; o que, de fato, os impeliu para o justiçamento sumário e quantos cristãos foram mortos nas mãos dos semitas – isso não interessa a ninguém lá "em cima".

Ao notar a inquietação da filha, acrescentou:

— Não se preocupe, Ninon, eu me defenderei. Mas não deixo de prever que muitos ardis me aguardam.

A conversa rumou sobre Lili, que desejava voltar para casa e dar ares de estar sensibilizada pela morte do marido, com o qual, bem ou mal, ela se casou de vontade própria.

Só a Nina ela confiou o seu achado, supostamente perdido, e entregou à prima a guarda do dinheiro, firmemente decidida a jurar, se fosse o caso, jamais ter se aproximado do armário secreto.

O dia, todavia, ainda era tumultuado e as desordens na cidade prosseguiam. Ali e acolá explodiam sangrentos incidentes, normalmente provocados por judeus.

Quanto à morte da princesa, de Aronstein e Itselzon, corriam boatos os mais contraditórios. As investigações das três mortes eram levadas energicamente e os supostos assassinos de Enoch e Leizer foram presos. Simultaneamente, foram detidos camponeses e operários: todos russos, evidentemente. Quanto aos verdadeiros incitadores e assassinos da tribo semita, estes nem foram tocados. Neste aspecto, as autoridades – judiciais e policiais – revelaram uma delicadeza, surdez e cegueira comoventes.

Por outro lado, a morte da princesa e de Kogan era envolta em véu de mistério impenetrável. A identidade do judeu morto foi estabelecida por seus correligionários, reconhecendo-se nele um funcionário do banco de Aronstein e parente longínquo de sua família. Ele foi proclamado, em uníssono, um modelo de virtudes – cívicas e humanas. Ainda que o canivete, a pérola na mão fechada e o ícone dilapidado ao lado, o incriminassem naquelas circunstâncias incômodas, o assunto logo foi abafado, sendo ele enterrado às pressas.

Com o assassinato da princesa era diferente. O clã judeu bem que gostaria de criar nisso um escarcéu e responsabilizar o príncipe; contudo, como que de propósito, as investigações não deram em nada.

Felizmente, a chegada e a saída de Arseny não foi notada por ninguém e, no decorrer daquele dia, a casa do governador fora várias vezes assediada por multidões revoltosas, estando a grade do jardim derrubada, as vidraças quebradas. O arrombamento indiscutível de alguns quartos servia de prova eloqüente das desordens perpetradas. Ademais, permaneceram os sinais da explosão, causa da debandada dos criados, que nada viram. Tentaram incriminar Procófy e Vassilissa, mas estes alegaram que, atendendo às ordens expressas do príncipe, ficaram o tempo todo no andar de cima, tomando conta das crianças. Como as duas governantas – uma inglesa e outra francesa – testemunharam terem visto, por diversas vezes, os dois nos aposentos das crianças, a acusação foi retirada. Desta forma, as investigações foram suspensas e aos familiares de Sara enviaram-se telegramas, comunicando seu falecimento; o enterro foi adiado até a vinda de todos.

Ao perceberem que ia por água abaixo a esperança de criar com aquelas mortes um escândalo geral, a imprensa judia e, mais tarde, a russo-judia, valeram-se das mortes de Enoch e Leizer para exaltar com as trombetas de Jericó suas infinitas virtudes, lamentando o fim precoce do "inigualável cantor e artista genial". Uma profusão de pomposos necrológios e versos enaltecedores, com toda uma espécie de manifestação de profundo pesar, choveu sobre o público leitor; de diversas partes do país chegavam coroas de flores. Mas, se o mundo ainda não se dera conta de que com a pessoa de Leizer, assassinado por "torpes reacionários e Centúrias Negras", perecera um grande gênio musical da época, era porque as pessoas perderam totalmente a noção da "verdadeira virtude".

Não com menos frenesi, louvavam-se as qualidades de Enoch – um "financista brilhante", "grande benfeitor", "patriota iluminado", que recebera batismo só para casar com uma russa, "por amor à pátria". Um destino fatídico ceifou tragicamente aquele homem "destacado"; sua morte, no florescer dos anos, privou a pátria de um dos melhores, senão mais dignos e úteis de seus filhos, tanto mais no dia em que o "amor", finalmente, triunfara sobre as barreiras e preconceitos sociais, no limiar da "felicidade", ante os olhos da jovem esposa, "desesperada de dor"...

Assim, com todas as possíveis variações, a servil imprensa se desfazia em loas, silenciando obstinadamente sobre os resultados das buscas feitas na casa de Aronstein. Entretanto, o relatório fornecia dados extremamente curiosos, ilustrando de modo claro "os méritos" daquele cidadão exemplar perante a pátria. Além da gaveta cheia de bombas, junto à qual Enoch soltou seu espírito "piedoso", nos porões da casa foi encontrada uma verdadeira tipografia e um depósito de brochuras de caráter revolucionário, a serem distribuídas no meio do exército e classe operária. Fora isso, foi achado um laboratório químico com grande estoque de substâncias explosivas e um verdadeiro arsenal de diferentes armas, sem falar da correspondência apreendida, que testemunhava irrefutavelmente que o "patriota exemplar" estava em contato permanente com todos os centros anárquicos do novo e do velho mundo, enquanto sua casa servia de refúgio aos revolucionários e aos maçons estrangeiros que participavam ativamente da conspiração, com o objetivo de destruir e desmembrar a Rússia a bem da glória de Israel.

Mas, como já se disse, sobre disso silenciavam. Por outro lado, o enterro de Enoch serviria para uma imponente demonstração política.

Frustrados mas não desanimados pelo insucesso, os sionistas se consideravam próximos do objetivo, imaginando dominar a situação e ultimando os preparativos para desencadear uma enorme greve por toda a Rússia, que deveria pôr em colapso todas as artérias vitais do governo. Ao mesmo tempo, apoiados nos *"seus"*, das altas esferas, pressionavam para que o país fosse transformado em Estados Unidos da Rússia, governado por um primeiro-ministro.

A casa de Aronstein foi rapidamente arrumada; no salão, de paredes em tecido preto, foi colocado o catafalco. Conclamados de todos os cantos por telegramas, eis que começaram a afluir à casa a infindável parentalha e amigos de Enoch: os Aronstein, os Bernstein, os Rosenblum, e os Rosenstam, os Mandelstam, os Tsvibelvultsel, os Feikhenvurtsel, ou os simplesmente Vurtsel, etc... etc... Em resumo: era uma invasão de forasteiros, e em toda casa reinavam os lamentos e o ranger dos dentes.

Aliás, um número não menos escasso se compunha de pessoas que foram simplesmente expressar suas condolências, em vista das perdas que atingiram a família; ainda que, a bem da verdade, aquela espécie de "pesarosos" era movida mais pela curiosidade, do que pela dor genuína.

Concomitantemente, Gueorgui Nikititch era alvo de muitas flechadas venenosas, ferindo seus brios. Choviam cartas anônimas com acusações a Arseny; umas – apontando-o como cúmplice dos amotinados e por ter participado na agitação do exército; outras – sobre sua relação criminosa com a madrasta.

Em outras mensagens, remetidas a Nina, estranhava-se sua ausência junto ao leito de morte do marido. Não faltavam também cartas exprimindo pesares pela grande perda por ela sofrida, desejando-lhe coragem e não se negar ao papel de "viúva inconsolável", já que línguas maldosas diziam que ela estava completamente alheia à morte do homem que desposara só por causa de sua riqueza e, assim, seria insensato e, sobretudo, irrefletido de sua parte confirmar aquelas fofocas com aparente indiferença. Além disso, foram enviados montes de recortes de diferentes jornais com os artigos sobre a morte de Enoch, onde se descrevia a dor inconsolável dela e de Lili.

Todas essas injúrias infames se refletiam dolorosamente no príncipe; Nina chorava constantemente e sofria, a ponto de ficar doente.

Mas também entre a numerosa parentalha de Aronstein, a inquietação era grande e as divergências eram muitas. A minoria – velhos e fanáticos – se rebelava contra a missa cristã junto ao corpo do digníssimo filho de Israel – e não sem fundamento, já que o próprio batismo de Enoch tinha sido apenas uma comédia representada com o consentimento do *kâhâl*, com vistas a possuir a filha desejada do *akum*; se a morte pôs um termo a tudo, seria criminoso aviltar o falecido com a realização de um ritual bobo e "pagão". Mas a maioria nem ao menos os ouviu; ao contrário, queriam utilizar o estabelecimento do parentesco com o príncipe, objetivando um escândalo, tanto político como pessoal. Toda aquela chusma estava furiosa com a ausência da viúva nos numerosos réquiens celebrados junto ao caixão.

O mais indignado era Rosenblum, cunhado de Enoch, um financista e industrial de Kiev, muito rico e grande fornecedor do exército. Ele estava furioso não só devido à ausência de Nina, mas por uma notícia que chegou a ele, dando conta de que Zinaída Moisséevna seria sepultada no Cemitério Municipal, enquanto o corpo de Arseny seria levado para Petersburgo, para ser sepultado no jazigo familiar dos Pronsky, no monastério masculino de Aleksandr Nevsky, ao lado da mãe e da avó.

Na véspera do enterro de Enoch, Rosenblum foi à casa do governador. O mordomo anunciou-lhe que o príncipe, em convalescença, não recebia ninguém e todos os assuntos ligados ao serviço deveriam ser tratados com von Zaal; se o assunto, no entanto, fosse de caráter particular, ele deveria falar com o funcionário para assuntos especiais – Aliablev.

O gabinete de serviço do governador localizava-se no segundo andar e sofreu muito com as desordens passadas, em vista do que o grosso dos assuntos fora entregue ao vice-governador; Gueorgui Nikititch permitiu que os visitantes, que tinham questões com ele, fossem recebidos numa saleta. Foi para lá que se dirigiu Rosenblum.

No local havia cerca de vinte pessoas, na maior parte russos e familiares dos que foram detidos por participarem dos tumultos. Eles queriam que o príncipe intercedesse por eles, evitando dirigir-se a von Zaal, bastante conhecido por sua simpatia revoltante aos judeus e chamado pelo povo de "paizinho dos judeus".

Com a insolência a ele inerente, Rosenblum dirigiu-se diretamente a Aliablev, interrompendo sua conversa com uma velha que pedia algo, lacrimosa.

— Sou obrigado a pedir seus préstimos – disse ele, mal inclinando a cabeça – para arrumar um encontro com minha *belle-soeur* (31), viúva do falecido Evgueny Aronstein. O mordomo não me deixou falar com ela, alegando que ela está adoecida e não recebe ninguém.

Aliablev virou-se para ele, e mediu o insolente.

— Nina Gueorguievna não está bem, de fato. Ademais, acho que ela não tem nada a conversar com o senhor e fico surpreso com a sua insistência em perturbar a enferma, muito abalada com a morte do irmão.

— É o senhor que me surpreende com suas palavras – arrematou Rosenblum, mordaz. Admira-me também a indelicadeza vulgar da viúva, Nina Aronstein. Amanhã será o

(31) Concunhada. N. A.

sepultamento do infeliz que sacrificou tudo por ela, morto por sua gente, enquanto essa despudorada nem sequer elevou uma oração pela sua alma, junto ao leito dele, ou derramou uma lágrima por seu fim precoce e trágico. Estou aqui para relembrar àquela mulher impiedosa as suas obrigações e exigir que ela cumpra seus últimos deveres. Não sairei sem falar com ela. Depois, ela pode ficar à vontade para chorar aquele seu irmão miserável, que recebeu um castigo justo por atirar em pessoas pacíficas e inocentes que festejavam, sem prejudicar ninguém, a libertação da tirania...!

O rosto de Aliablev cobriu-se de rubor intenso, mas ele se conteve e só disse em tom ríspido:

— Primeiro, peço-lhe, ilustre senhor, moderar suas palavras e não se esquecer de que não se encontra numa sinagoga ou comício, mas na sala de recepção do chefe da província. Depois, não lhe dou a permissão de injuriar a memória do príncipe falecido, Arseny, e caso o senhor tornar a repetir sua vil injúria, mandarei que o enxotem daqui mais rápido do que o senhor veio. Por fim, assevero-lhe: aqui não há nenhuma viúva de Aronstein, só a filha do príncipe Pronsky, a quem o enterro do falecido banqueiro não diz respeito...

— O quê? O que o senhor está falando? O enterro do marido não diz respeito à viúva? – berrou Rosenblum, furioso. – Nina Gueorguievna está legalmente casada com Aronstein e para tanto existem documentos com a assinatura dela mesma, do padre e das testemunhas.

— Não estará o senhor insistindo na legalidade do casamento, porque quer assegurar a Nina Gueorguievna a parte de sua herança? – perguntou em tom jocoso Aliablev.

— Herança? Que direitos ela teria? – balbuciou, indeciso e alarmado, Rosenblum.

— Acalme-se, ela não vai reclamar a herança porque não considera o casamento válido, celebrado sob a ameaça da vida do pai e por ter caído numa cilada infame. E agora basta! Tenha a bondade de se retirar, pois não há motivos de perturbar Nina Gueorguievna com a sua presença; ela não tem absolutamente nada com o senhor, nem com sua família.

— Isso veremos – vociferou furiosamente Rosenblum. – Acharei o caminho sem a sua ajuda...

Ele lançou-se em direção à porta interna e empurrou Aliablev, postado na frente, com tanta força que este perdeu equilíbrio, sem, entretanto, perder a presença de espírito.

Agarrando o oponente pelas abas, ele o jogou para trás, no que o judeu respondeu com um soco no peito e novamente tentou adentrar a porta. Mas desta vez a paciência de Aliablev se esgotou e um murro bem dado estampou-se no rosto macio de Zacáry Solomonovitch; este cambaleou, topou com a poltrona de carvalho e, tentando se manter de pé, agarrou-se numa mesinha, mas veio junto com ela ao chão, de joelhos.

Os presentes soltaram um ai de pasmo ao ver aquela cena. Mas Rosenblum pôs-se de pé e, cerrando os punhos, lançou-se sobre Aliablev.

— Satisfação...! Exijo uma satisfação! – berrou ele. Mas Kirill Pavlovitch tirou do bolso o revólver e pôs-se a sorrir, vendo com desdém Rosenblum se esquivar, assustado, da mira da arma.

— A primeira "satisfação" já está registrada em sua fisionomia; entretanto, aceito o duelo com arma de sua escolha. À noite lhe enviarei meus padrinhos e amanhã de manhã nós nos enfrentaremos. Talvez eu lhe proporcione a felicidade de acompanhar seu ilustre genro ao "leito de Abraão" – motejou Aliablev.

— Excelente! Veremos quem vai para o paraíso – vociferou o judeu enraivecido, desembestando da saleta.

Enquanto isso se passava na sala de recepção do governador, uma cena não menos tempestuosa ocorria no quarto do príncipe. Para Rosa Aronstein, mãe da princesa, a entrada era livre. A banqueira não estava em Petersburgo no momento de ser enviada a mensagem da morte de Zinaída – o que explicava seu atraso.

Ao ver o corpo da filha, ela começou a berrar e entrou num terrível e agitado desespero; depois, um pouco mais tranqüila, exigiu da criada gotas de calmante e perguntou pelo príncipe; esta, sem qualquer má intenção, levou-a até a porta do quarto de Gueorgui Nikititch.

Madame Rosa irrompeu por lá feito um foguete e, sobre o enfermo, desabou uma verdadeira chuva de acusações e ofensas: que ele cuidara mal do "anjo" confiado à sua tutela, largando a esposa à própria sorte e fadada, com isso, à terrível morte, deveras misteriosa e suspeita; por fim, ela e seu marido exigiriam dele uma explicação de toda aquela conduta.

Gueorgui Nikititch ouviu-a taciturno. Quando a banqueira silenciou finalmente para tomar fôlego, ele disse em tom frio e desdenhoso:

— Compreendo a sua dor de mãe e perdôo as ofensas grosseiras com que a senhora ousa me ferir na minha casa. No momento em que seus digníssimos conterrâneos estavam me obrigando a libertar os assassinos e bandidos, sua filha foi assaltada e morta. Se, ao invés de ficar sentada em casa, a princesa não saísse para a rua, nada teria acontecido; não posso carregá-la no bolso! Houve muita coisa estranha e suspeita acontecendo nesse dia. Por exemplo: é totalmente inexplicável a presença, no dormitório de minha esposa, de seu parente Kogan, que, aliás, ocupava-se do furto de jóias do nosso ícone. É um assunto da justiça desvendar esse mistério, de forma que a senhora deverá se dirigir a ela.

A menção sobre Kogan e a notícia de que o enterro de Zinaída Moisséevna estava marcado para o dia seguinte às nove horas, e sem qualquer solenidade, motivaram uma nova explosão de censuras e injúrias.

Mas o príncipe foi firme para não permitir que o enterro da esposa servisse de pretexto para demonstrações políticas; já era suficiente o escândalo público do enterro de Enoch e Leizer.

Madame Aronstein, finalmente, retirou-se possessa.

Capítulo XV

Kirill Pavlovitch nada falou do duelo nem para Nina, nem para o príncipe. Ele não queria preocupar a noiva, nem Gueorgui Nikititch, doente; com a visita da sogra, a febre do príncipe aumentou.

No transcorrer do dia, os padrinhos de Aliablev encontraram-se com os de Rosenblum e acertaram o combate para as cinco horas da manhã, num local isolado e longe da cidade.

Pensando em redigir umas cartas para qualquer eventualidade, expedir algumas ordens e tirar uma soneca antes do duelo, Aliablev se despediu cedo e foi para casa. Quando dobrava uma esquina perto de sua residência, ouviram-se tiros; felizmente uma bala só lhe atravessou o chapéu e a outra passou zunindo perto de seu ouvido.

— Hmm! Quer dizer que Bunt já está cuidando para o duelo terminar a favor do ilustre Rosenblum – pensou ele, abrindo o portão.

Após refletir um pouco, mandou acender uma lâmpada junto à escrivaninha, ao lado da janela, e baixar as cortinas; no entanto, ele foi escrever as cartas no dormitório, deixando as cortinas abaixadas. Uma das missivas era endereçada a Nina, outra para a mãe e a terceira – ao príncipe. Não tinha medo do duelo, mas o último atentado apontava que sua vida corria perigo.

Passaram talvez cerca de duas horas, quando do lado do gabinete se ouviu uma saraivada de tiros, acompanhada por barulho dos vidros estilhaçados. Quase imediatamente, ao quarto irromperam assustados o mordomo e demais criadagem. Verificou-se que os tiros quebraram as janelas, uma das quais dava para a rua e a outra para o jardim; as balas haviam estilhaçado a lâmpada, atravessaram o espaldar da poltrona e cravaram-se na parede. Se Aliablev estivesse sentado à escrivaninha, por certo estaria morto.

Os agressores naturalmente fugiram e uma perseguição logo em seguida não teve êxito.

Já passava de uma hora e o todo-vigilante chefe de polícia, Kasimir Boiavsky, ainda trabalhava em seu gabinete. Neste momento, um funcionário de plantão anunciou-lhe que um senhor desejava vê-lo para tratar de assunto urgente; no envelope, ele encontrou um cartão de visita de Zacáry Solomonovitch Rosenblum. Boiavsky ordenou que este fosse introduzido.

Para gáudio do digníssimo "cavalheiro", nos lábios do comandante da polícia não se esboçava nenhum sorriso desdenhoso ao se encontrarem a sós.

Boiavky recebeu-o respeitosa e amistosamente e, convidando-o a sentar-se na poltrona, perguntou, preocupado, em que podia ser útil. Perturbado, Rosenblum contou-lhe sobre sua visita matinal à casa do governador e descreveu seu desentendimento com Aliablev, terminado num desafio de duelo.

— Depois de haver exigido que a viúva do meu desditoso *beau-frère* participasse do enterro, aquele insolente empregado público me respondeu com ato ofensivo e planeja me matar. O senhor compreende: não há nada mais fácil! – sou um homem de negócios e não um duelista.

— Não se preocupe, caro Zacáry Solomonovitch! Saberei evitar este combate inútil, ainda mais que a própria vítima das injúrias corre perigo de vida. A despeito de tudo, permita-me fazer um reparo: não convém provocar um conflito só porque a jovem princesa não quer se sujeitar a salvar as aparências. Falando entre nós, o casamento de Nina Gueorguievna foi uma ato de violência por parte do nosso inesquecível presidente e agora tudo foi por água abaixo. Sugiro ser mais cuidadoso e não revolver as cinzas dos atos ignóbeis do dia de hoje – o que pode prejudicar a causa comum. Principalmente agora, quando teremos algumas mudanças auspiciosas. Mas isso é entre nós, naturalmente...

— Ah, o que o senhor está dizendo...?! Verdade? O senhor pode estar certo da minha discrição – animou-se Rosenblum, ardendo de curiosidade.

— Acabo de receber uma carta confidencial de um amigo, que serve na chancelaria do primeiro-ministro – iniciou Boiavsky, piscando significativamente. – Ele diz que as esferas superiores estão iradas com o príncipe. Ele seria destituído e processado incontinente, se não tivesse fortes contatos e outros apoios – o que requer certos cuidados. Todavia, logo ele receberá uma sugestão para... para tratar a saúde – há-há-há! – e entregará o cargo para von Zaal. Ainda terá de ir a Petersburgo explicar seus atos e defender-se das acusações, por não ter feito nada para evitar as desordens e o massacre das infelizes e indefesas vítimas da multidão nefasta e selvagem; também por ter, com seus procedimentos dúbios, estimulado os reacionários a opor-se contra as medidas "liberalizantes" do governo, praticar saques na cidade e matar pessoas respeitadas e cultas, entre as quais Aronstein e o genial artista Itselzon. Além do mais, o príncipe é acusado em sua obstinada, ainda que surda, resistência às medidas corretas, conciliadoras e humanitárias do vice-governador e do chefe de polícia. Com seus atos provocativos, ele obrigou a pobre população judia a se defender com armas. Resumindo: o nosso governador, praticamente destituído, passará maus momentos no gabinete do primeiro-ministro. O senhor compreende, Zacáry Solomonovitch, que assim que o poder passar às mãos de von Zaal e às minhas, todas essas desordens patrióticas terão fim; mas peço-lhe evitar, um pouco, alguns excessos de sua parte. Há pouco me comunicaram que Aliablev acabou de sofrer dois atentados. Isso não é bom nem para o senhor, nem para mim.

Rosenblum baixou constrangido os olhos e brincou com a corrente do relógio.

— Entendo, entendo. Tudo isso é uma impetuosidade inoportuna de meus jovens amigos – cabeças muito quentes. Mas cuidarei para que não se repita.

— Excelente! É preciso, meu caro, usar uma forma diferente de se livrar desse inconveniente Sr. Aliablev.

Eles palrearam ainda mais um pouco e Rosenblum começou a se despedir; antes de sair, ele colocou dentro de um vaso de porcelana um envelope fechado.

Depois de acompanhar o visitante e assegurar-lhe que o duelo seria evitado, Boiavsky retornou ao gabinete e, impaciente, abriu o envelope deixado como "lembrança".

— Pagam bem esses judeus pelos serviços, não como os nossos!... – resmungou ele, trancando o dinheiro na gaveta da escrivaninha.

Na manhã seguinte, Aliablev com dois padrinhos e um médico chegaram ao local escolhido para o duelo, mas tiveram de esperar os adversários por mais de meia hora.

Rosenblum chegou de carruagem com dois padrinhos, o advogado Finger e o cambista Laus, acompanhados pelo médico Violin.

Aliablev pediu pressa, entretanto os senhores Laus e Finger eram demasiadamente minuciosos e protelavam os preparativos. Rosenblum, pálido, parecia embaraçado e a toda hora olhava para o relógio.

"O que significa este atraso de Boiavsky?" – pensava alarmado. "Não será uma cilada desses malditos *góis*, que fizeram um plano para atrasar o servil Boiavsky e para me matar impunemente?"

Finalmente tudo estava pronto e Rosenblum tomou sua posição, rangendo os dentes, quando se ouviu o tropel de cavalos e barulho das rodas da equipagem rompante. Era Boiavsy vindo acudir o financista, trazendo o comissário e acompanhado de quatro milicianos a cavalo.

— O que está havendo, senhores? Um duelo? Isso eu não permitirei – berrou o comandante e ordenou que as pistolas fossem recolhidas.

Sorrindo doce, ele se aproximou de Aliablev que parecia não ter notado a mão que lhe foi estendida e olhava indagador para Rosenblum, de semblante resplendoroso; depois, ele soltou uma sonora gargalhada.

— Há-há-há! O senhor avisou a polícia...! Isso é característico de um judeu... Tfuu...!

Ele escarrou em direção ao adversário, deu-lhe as costas e tomou com os amigos o carro que os aguardava.

Inicialmente, reinou o silêncio no "campo de batalha". O rosto de Boiavsky tingiu-se de verde-amarelado e ele acompanhou a carruagem com olhar de ódio.

— Sujeito ignorante! Esperemos que o reinado dessa quadrilha russa logo se acabe – resmungou ele, virando-se para Rosenblum que se sufocava de raiva.

— Até logo, Zacáry Solomonovitch. Felicito-o pelo final feliz deste incidente desagradável.

— Nós nos veremos no enterro? – perguntou Rosenblum, apertando forte a mão do comandante.

— Sem dúvida. É nosso dever sagrado render homenagem às pessoas destacadas que honraram a nossa cidade. O vice-governador, com certeza, também estará para expressar suas condolências para toda a família.

Algumas horas depois, um cortejo solene acompanhava ao lugar da morada eterna os corpos de Enoch e Leizer. Estavam ali as autoridades do governo central e as municipais; verdadeiras tropas de escolares com bandeiras vermelhas e coroas, também engalanadas em fitas vermelhas, caminhavam na frente e atrás do caixão; depois, já no cemitério, bradaram calorosos discursos revolucionários. Exaltaram-se solenemente as virtudes das "vítimas", extravasou-se o indescritível pesar dos representantes do mundo artístico e inconsolável dor da pátria que perdeu o "melhor de seus filhos", o que, de qualquer forma, serviu para abrilhantar o parlamento russo.

À noite do mesmo dia, numa das salas da casa do falecido Aronstein, arrumada às pressas, reuniu-se uma numerosa companhia. Além dos parentes, estava presente o rabino Apelzaft e os mais proeminentes representantes da comunidade judaica, entre estes Girch Mayer, velho fanático, que foi visitar Feiga, sua parenta por parte da esposa.

A atenção geral era concentrada sobre Rosa Aronstein, envolta em trajes de luto, olhos vermelhos e rosto inchado. Chorosa, xingando o príncipe, ela opinou que o enterro da pobre Sara foi digno de dó e ocorreu muito cedo, de manhã; ela tinha sido conduzida ao cemitério sem qualquer homenagem, feito uma cadela, e, da família do príncipe, só fora Nina, mas que não vertera nem uma lágrima sequer.

O anúncio gerou comentários e discussões devido às observações maledicentes endereçadas a Gueorgui Nikititch e sua família, elogios a Enoch e Sara, comparados aos heróis das escrituras antigas.

De todos os presentes, somente Feiga e Girch Mayer não abriam a boca, sentados solitários, ambos taciturnos. Nenhum dos dois compareceu ao enterro de manhã, ficando em casa, jogando cinzas na cabeça e rasgando seus trajes. Quando reiniciaram as cantilenas e censuras ao príncipe, Feiga, a velha, levantou-se de súbito e, com um olhar frio e desdenhoso, esquadrinhou os presentes. Sua voz soava severa e irada.

— Bem...? Já não lhes encheu essa conversa inútil? – disse ela. – Colheram o que foi semeado. Vocês repudiaram as leis de Jeová, espezinharam-nas e eis que Sua mão os atingiu. Quando você, Moicha, e você, Rosa, deram Sara como esposa para o *akum*, eu lhes disse: – Schlecht Geschäft (32); eu deveria ter dito: – Strafbar Geschäft (33) – só isso! Por causa dessa tola fanfarronice, vocês impeliram a nossa pobre criança a viver com um animal; pois vocês sabem que um *akum* diante de nosso Deus não passa de animal. E então Jeová tirou de nós sua única filha e ceifou-a com morte vergonhosa. Por culpa de vocês, ela foi subtraída de um enterro honroso; a cruz a sufoca em seu túmulo e o maldito *gói*, que só queria o seu ouro, cospe para sua memória. A mesma cegueira custou a vida de Enoch. Por causa daquela menina e o ridículo título de "*prejidente*", ele arriscou tudo e acabou perdendo todas as riquezas terrenas, dadivadas por Jeová. Ele, como vocês, precisavam de parente tão ilustre? Tffuu! O que é "príncipe"? Bolso vazio e é só! Qualquer um de nós é príncipe... tendo dinheiro. Por ele, o *gói* curva diante de nós seu dorso e nos serve. Vocês não passam de idiotas, se não sabem dar o valor exato ao nosso ouro. Sim, sim, uma pequena moeda de ouro que rola pelo mundo esmaga tudo que se lhe põe no caminho: os reinos e os czares; abre todas as portas e os faz senhores do Universo. E o que vocês

---

(32) Mau negócio. N. A.

(33) Péssimo negócio. N. A.

ainda precisam mais do que lhes foi prometido por Jeová no livro de mandamentos...? – "Quando levá-lo Deus, seu Deus, à terra que Ele prometeu aos seus ancestrais Abraão, Isaías e Jacó, dar-lhe-á grandes e belas cidades, que você não construiu; casas cheias de riquezas, que você não guarneceu; poços abertos de rochas, que você não escavou; parreiras e oliveiras, que você não plantou, e você se alimentará e saciará a fome" (34). Cumpriu-se a profecia. Por acaso vocês não são donos deste país? Não ocupam os filhos de Israel os palácios dos príncipes desta terra, e não alimentam os funcionários com códices de pão, sobrados de sua mesa? Suas cidades, o comércio, as vias férreas não pertencem, por acaso, a nós e suas carteiras não estão em nossos bolsos? E nesse momento você espezinham as leis?! Cuidado para que a mão de Jeová não os puna tão cruelmente como ao meu filho, Moiche, Enoch e outros...!

A fala da velha teve o efeito de um balde de água fria, jogada nos presentes. Todos permaneciam quietos, com exceção de Girch Mayer, que balançava a cabeça em sinal de aprovação.

— Deus fala através de seus lábios, Feiga. Não é uma festa que nos preparam esses loucos impuros, mas novas desgraças. A juventude não sabe mais reprimir seus impulsos e obedecer; convive com os *góis*; transgride as prescrições dos mandamentos e nos indispõe contra todos. E eis, quando Jeová deixar de protegê-los, virão para o nosso povo novos séculos de sofrimentos e perseguições...

Entretanto, a impressão causada pelo discurso de Feiga foi passando e a fala de Mayer gerou uma onda de protestos.

— Surpreende-me você, Girch! Você que é um grande conhecedor das leis, mas diz tantas asneiras! – interrompeu em tom mordaz Rosenblum. Acusa-nos de relacionarmos com os

(34) Deuteronômio, VI, 10 e 11. N. A.

góis e transgredirmos as leis? E você se esqueceu de que qualquer transgressão da lei nos é permitida desde que seja prejudicial aos *akums*? Como prejudicá-los, como pervertê-los e levá-los ao estado de bestas, se não nos misturarmos a eles? Não temos de temer a ira de Jeová, pois agimos segundo a Sua vontade. Ele disse: "E você aniquilará todos os povos que o Senhor, seu Deus, lhe der; não se apiedará deles o olho seu, e não sirva a seus deuses, pois isso atá-lo-á (35). Não será *nosso* esse povo ebrifestivo, depauperado, imundo, bestificado de fome e cego, que nos ajuda a aniquilá-lo? Não será ele predestinado a ser o nosso animal de canga nessa terra rica e fértil, onde brevemente se erguerá o novo Sião e o trono de Israel? Está próxima a hora do cumprimento das profecias de Isaías: "... e trarão os filhos seus nos braços, e as suas filhas serão carregadas nos ombros. E os reis serão seus alimentadores e suas rainhas serão suas amas-de-leite, e curvar-se-ão com o rosto tocando o chão e lamberão as cinzas de seus pés..." – "O povo e o reino que lhe servirem – perecerão, e tais povos serão aniquilados... Você se alimentará do leite dos povos e mamará do peito dos reis (36)." E eis, quando a vitória está próxima, você, feito uma ave de mau agouro, profetiza desgraças e perseguições – concluiu Rosenblum.

— Sim, sim! Queremos finalmente gozar do poder, queremos dobrar a cerviz desses *góis*... Já basta sermos desprezados e humilhados; chegou a nossa vez! – gritavam por todos os lados vozes iradas. – Vingança, vingança implacável – berrava Rosenblum, sacudindo os punhos.

Os jovens e, principalmente, as mulheres falavam em coro. O vozeio e excitação das duas correntes aumentavam a cada minuto e por pouco a discussão não terminou numa bri-

(35) Deuteronômio, VII, 16. N.A.

(36) Isaías XLIX, 22 e 23, LX 12, 16. N. A.

ga, quando Mayer afirmou que Israel, por várias vezes, esteve no topo do poder no Egito, Assíria e Espanha, mas sempre acabava por sucumbir, porque não soube utilizar sua vitória, sendo derrotado pela falsidade e hostilidade de *góis*. Mas então o rabino interferiu.

Esmurrando com força a mesa, ele ordenou que todos ficassem quietos e começou a reprochar os presentes, dizendo que aquele escândalo na casa do falecido era indecente e, para o sucesso da "boa causa", todos tinham que obedecer cegamente ao santo *kâhâl*.

Alguns dias depois, o príncipe recebeu uma ordem do Ministério para entregar o cargo ao vice-governador e, assim que a saúde permitisse, ir para Petersburgo para entregar seu relatório e defender-se das acusações a ele dirigidas.

Com um sorriso irônico, Gueorgui Nikititch estendeu o papel a Aliablev.

— Eis a notícia que eu já esperava. O engraçado é que me culpam tanto da participação dos motins, como da agitação, em vista do meu ódio aos pobres cordeiros de Israel que eu, supostamente, deixei ao arbítrio do povo. Há-há-há! Aliás – prosseguiu o príncipe –, este papel desencontrou-se com o meu pedido de demissão, enviado através de mensageiro. Estou cheio e cansado de tudo isso. Ficarei feliz em entregar todos os assuntos às mãos puras – não digo de "ouro", mas "douradas" – de von Zaal e Boiavsky. O governo pode sossegar: nenhum russo vai mais defender aqui as procissões religiosas e os ícones, o pobre povo e a grandeza do poder monárquico. Faz tempo que me olham meio torto de lá "de cima" e me consideram inconveniente desde o momento em que desmascarei e divulguei os abusos com a Cruz Vermelha em Moscou e o transporte dos feridos. Apenas graças ao casamento com *mademoiselle* Aronstein eu pude contar, em parte, com a disposição das "esferas governamentais" e, naturalmente, a minha designação deveu-se ao trabalho dos meus ex-parentes semitas. Por certo eles esperavam me controlar e diminuir meus ímpetos de defender a minha pátria... Peço a Deus para ficar bom logo e viajar para Petersburgo; lá eu saberei me defender.

Na manhã seguinte, após ter entregue os assuntos a von Zaal, o príncipe foi conversar com a filha sobre os preparativos da viagem à capital, quando chegou Kirill Pavlovitch.

Sua perturbação e palidez chamaram a atenção do príncipe e Nina.

— Estou revoltado com as injustiças – disse ele, em voz trêmula e nervosa. – Imaginem que acabei de receber uma carta sugerindo que eu peça demissão, porque os meus atos não se coadunam com as intenções do governo. Imputam-me a acusação de ter provocado Rosenblum e o desafiado para um duelo, além de ter participado da invasão dos "pogrómschiki", na casa de Aronstein. Não quero nem repetir as ridículas e vis acusações que me fizeram os judeus por intermédio de Boiavsky. Pobre Nina Gueorguievna! Devo preveni-la de que a senhora planeja desposar um homem com falta de sorte na vida. Por trinta anos me seguraram como assessor naquela chancelaria, onde tinha a "honra" de servir; durante este tempo, embaixo do meu nariz, passaram primos, amigos e favoritos do meu chefe, muitas vezes mais novos que eu pelo tempo de serviço, mas que conseguiram ótimas colocações devido à proteção familiar; sorte deles é que eram estrangeiros, sobretudo alemães. Como eu fiquei feliz com a possibilidade de largar aquele ninho, onde o meu chefe todo-poderoso até me destacou o trabalho com distinções honoríficas e funções fictícias, mas que impediam minha ascensão e não acrescentaram um copeque sequer ao meu salário, colocando-me em situação enganosa e lançando dúvidas na minha reputação de servidor. E, mal eu acabei de achar aqui uma atividade nova, alguns judeus sórdidos e um *gói de sabbat* da Polônia destruíram a minha carreira.

De fato, pode-se considerar que ser russo é uma desdita, quando se é perseguido na própria pátria, onde qualquer forasteiro pode pisoteá-lo na lama.

Havia em sua voz tanta amargura e em seus olhos tantas lágrimas de ira, que Nina lhe tomou a mão e disse:

— Estou feliz que o senhor não vai mais arriscar a vida inutilmente... Entendo o quanto isso lhe é doloroso, assim como é para papai; mas, hoje em dia, os dois são supérfluos. Ninguém precisa de pessoas incorruptíveis que amem a pátria; exige-se uma gentalha de dorso flexível, sem convicções e princípios, sempre disposta a servir às causas obscuras, à dilapidação do país e à traição da pátria aos estrangeiros.

— Nina está certa! – considerou o príncipe. – Os russos imbuídos de idéias ultrapassadas da fé ortodoxa, monarquia, nacionalismo e amor àquele conceito *abstrato*, que se chama "Rússia", são inconvenientes hoje em dia e até prejudiciais; são malvistos e isolados, feito a muralha chinesa, de uma atividade prestigiosa e profícua. Desprovido da identidade nacional, o país não necessita desse tipo de gente. Só lhe falta conformar-se com a sorte, meu amigo, e esperar pelos tempos melhores. Pessoalmente não há o que se lastimar. Graças a Deus, você e Nina têm como se sustentarem, mesmo sem esse serviço. Os dois se amam e isso é o mais importante. Agora tenho uma notícia. Hoje de manhã, recebi uma carta comunicando o passamento do meu primo, o conde Meletsky, cujo único herdeiro de uma enorme fortuna – sou eu. Acredito que isso não atrapalha em nada.

Cedendo aos pedidos da noiva, que temia um novo atentado por parte do sionismo vingativo, Aliablev arrumou às pressas os negócios e viajou para Petersburgo. Duas semanas depois, a família do príncipe abandonava também a cidade de Slavgorod. O príncipe viajou discretamente, como um desterrado, por ter defendido os interesses russos e não ter sido um joguete nas mãos dos senhores daquele tempo – os judeus. Aliás, mesmo na hora de sua saída, ele sofreu um atentado.

Sobre a carruagem que levaria Gueorgui Nikititch e Nina para a estação ferroviária foi lançada uma bomba. O cocheiro foi morto; o mordomo e alguns passantes foram feridos; por um feliz acaso, o príncipe e Nina nada sofreram e agradeceram a Deus por viajarem finalmente a Petersburgo.

Na margem anilada, perto de Nice, ergue-se uma enorme e bela vila cercada por jardim. No amplo terraço de corrimões de mármore, encontramos Gueorgui Nikititch com a família.

Ele está bem recuperado, cheio de forças; apenas os cabelos grisalhos e pregas amargas nos cantos da boca lembram de sua vida tormentosa.

Nas poltronas de faia, Nina e Lili bordam as prendas. A jovem viúva floresceu novamente: suas faces ardem coradas e nos olhos fulge, parcialmente, a antiga alegria. Tendo retornado há poucos dias de uma viagem, Nina estava ainda mais bela e seu rostinho encantador respirava felicidade serena.

Ela trabalhava distraidamente e só com um ouvido entreouvia o palrear da prima, lançando olhares sorridentes ora para a irmãzinha, que jogava críquete no jardim com os irmãos, ora para o pai e o marido, que estavam sentados à mesa atravancada de revistas e jornais russos.

O príncipe e Aliablev falavam de política e discutiam ardorosamente os termos do Acordo de Portsmouth (37).

— Só um homem tão funesto e diabólico – um gênio do mal de nossa pobre Rússia – poderia ter assinado um acor-

(37) Acordo de paz selado entre Rússia e Japão na cidade de Portsmouth, EUA, em 1905. N. T.

do assim! – observou em tom contrariado o príncipe, amassando e atirando longe o jornal que estava lendo.

— É a coroação de toda a sua atividade destruidora. Não é à toa que o povo o chamou de Judas e os patriotas de Catilina (38). E pode-se esperar coisa diferente do grande mestre maçônico na Rússia e pessoa de confiança da União Israelita Mundial?! – considerou Aliablev, lançando um olhar ígneo.

— Oh, as reuniões com os judeus americanos e a insolência com que exigiam a igualdade de direitos para seus correligionários demonstram claramente o *xis* da questão. Surpreende-me, o que mais quer o povo "eleito"? Já mandam em tudo lá na Rússia. Há poucos dias recebi uma carta do coronel Ivanov dizendo que von Zaal foi nomeado meu sucessor e Boiavsky foi reconhecido e agraciado por seus serviços brilhantes. Há-há-há! Seria cômico, se não fosse trágico! Agora os dois são um furor. Todos que forem suspeitos de patriotismo ou são expulsos do serviço, ou assassinados; sendo que os homicidas são sempre inocentados, ou se evadem sem deixarem pistas. Só os pobres camponeses e a "direita" pagam com cadeia e trabalhos forçados, por terem ousado protestar contra a destruição dos retratos do czar e atentados a bombas nas procissões religiosas. E enquanto esses bravos combatentes apodrecem nas prisões, suas famílias morrem de fome – concluiu Gueorgui Nikititch, indignado.

Nina levantou-se e sentou-se perto do pai e do marido.

— Não vale a pena preocupar-se com o que já era esperado. Se vocês dois foram destituídos sem cerimônia, não é com os camponeses que eles vão se constranger; o poder dos judeus, nós já conhecemos na própria pele – disse ela. – Papai, você ainda não nos contou os detalhes de

(38) Alusão a Lucius Sergius Catilina, patrício romano e pretor, conhecido por seus excessos e derrotas em diversas conspirações. N. T.

seu encontro com o primeiro-ministro ao voltar de Petersburgo – dirigiu-se ela ao príncipe. – Você estava tão irritado, fraco e nervoso após os ferimentos recebidos e a morte de Arseny, que ninguém quis perturbá-lo, e depois, com a azáfama do casamento e nossa viagem ao estrangeiro, eu me esqueci de perguntar-lhe.

— Você quer saber, sua bisbilhoteira, como me defendi das acusações de meus "crimes"? Aliás, a nossa conversa fez reviver as lembranças e terei muito prazer em descrever-lhes a minha visita. Ela foi um tanto picante.

Quando eu compareci – prosseguiu o príncipe –, deixaram-me esperando mais de uma hora na sala de espera; não obstante, um financista judeu, que chegou depois de mim, foi recebido na hora. Naturalmente, era justo que fosse preferido um judeu ao príncipe russo; isso me deixou, porém, furioso e eu quebrava a cabeça: o que estaria escondendo o nariz adunco naquela pesada pasta, carregada sob as axilas, e que nova velhacaria se decidiria atrás de porta fechada, para o enriquecimento dos judeus e rapinagem da Rússia? Quando, então, o filho de Judas saiu, todo esnobe, insolente e importante, o meu sangue começou a ferver. Depois, uma recepção negligente, fria e adocicada, em nada acrescentou para diminuir o meu mau humor.

Parece até que o primeiro-ministro me tenha estendido a mão; mas, Deus está de prova, eu estava tão indignado que não vi... Lançando-me um olhar de ódio, ele cobriu-me de acusações pela inércia criminosa de autoridade que motivou o massacre dos "inocentes" e, depois, pelo assassinato da esposa, do genro, do marido "genial" da sobrinha e do digníssimo senhor Kogan.

"O senhor há de concordar, príncipe, que esta aniquilação de todos os israelitas que se aparentaram com sua família pode suscitar suspeitas, devido à sua animosidade aberta aos novos parentes, raramente recebidos ou simplesmente ignorados, inclusive a sua sobrinha. Seu filho morto assassinou na rua, na frente de todos, um honesto e respeitado comerciante, Jaffe – pai de uma família numerosa. Depois, o senhor permitiu as manifestações que, com toda justiça, ultrajavam o sentimento religioso da população, apesar de minhas ordens expressas de não ferir sua susceptibilidade, etc... etc..."

— Já não me lembro mais de todas as acusações – prosseguia o príncipe – e só Deus sabe quanto esforço me custou para conter-me, principalmente quando ele começou a desculpar e a inocentar toda sordidez semita. Minha pobre esposa estava querendo se salvar dos amotinados – dizia ele – e ainda não estava bem provado que Kogan não foi assassinado justamente por estar defendo o ícone dos assaltantes, pois a reputação dele era acima de qualquer acusação torpe e vulgar. Quanto à vil cilada, armada pelo meu "genro" Aronstein, ele foi condescendente:

"Naturalmente o pobre jovem não estava certo ao agir arbitrariamente; mas a paixão, excitada pelo desprezo imerecido, é má conselheira. Isso o senhor deveria entender, caro príncipe."

A situação mudou radicalmente, quando eu comecei a enumerar tudo que fora encontrado na casa de Aronstein, e enumerei o que ainda estava comigo: primeiro, a ata da eleição de Enoch para Presidente da República; segundo, a correspondência tanto com os estrangeiros como com a nossa gente "alta", tão comprometedora que Aronstein, de qualquer forma, não se livraria da forca, se ela fosse instituída.

Ele ficou branco e perguntou onde estavam aqueles documentos.

— Num lugar seguro. Mas eu posso apresentá-los em minha defesa caso haja perseguição à minha pessoa – respondi-lhe. – Bem, e se eu perecer de morte violenta, tal como Pleve (39), esses documentos serão divulgados no exterior. Eles iluminarão, de forma totalmente inesperada, as molas misteriosas de nossa revolução e tirarão a máscara de seus dirigentes. Aliás, eu já pedi a minha demissão e só espero viver em paz, longe desses assuntos – disse eu.

Pelo visto, nós nos entendemos com meia palavra. Nenhuma acusação foi oficializada contra mim, a demissão foi aceita e, assim, estamos aqui, onde eu descanso do terrível pesadelo. O objetivo da minha vida agora é educar as crianças, pois compreendi o quanto foi imperfeita a minha própria educação. Para ser realmente útil à pátria é pouco amá-la e esconder na alma as boas intenções; são necessárias convicções sólidas, uma consciência nacional aguçada e a perseguição obstinada de metas – só assim serão vencidos os obstáculos.

— Desde que não for o sionismo. Ele é feito uma hidra: quanto mais se lhe degolem as cabeças, mais ela se fortalece e se multiplica. Você a esmaga num lugar e ela se ergue ao lado, ainda mais obstinada, mais ambiciosa, mais viva e insolente – arrematou meio irado, meio rindo, Aliablev.

— Oh, tem toda razão! O sionismo é tal como polvo; não pode ser sacudido de cima – ele gruda – interveio Lili, largando os bastidores e aproximando-se da mesa. – Imaginem só: ainda não posso me desvencilhar da parentalha de Leizer e, aparentemente, eles me inspecionam, já que sabem da minha intenção de morar por aqui...

— Ora essa! De onde você tirou isso? – fez Nina.

— Muito simples! Da carta do meu ex-cunhado! Ele escreve, em expressões muito gentis, que a minha cunhada Lia gostaria de passar um ano na Itália para estudar canto e, como

(39) Viatcheslav Konstantinovitch Pleve (1846 – 1904), estadista e ministro do interior na Rússia, morto por socialistas revolucionários. N.T.

soube da minha aquisição de casa perto de Nice (isso indica, aliás, que eu recuperei o meu patrimônio), o meu dever seria ajudá-la a aperfeiçoar seu talento e introduzi-la na sociedade.

— Isso é uma insolência! E o que você respondeu? – interessou-se o príncipe.

— Respondi com todas as letras que o episódio de meu parentesco com os Itselzon está encerrado. Sabe, tio Jorge, eles suspeitam que eu achei o meu dinheiro, mas nada podem provar. Ainda no dia em que Apelzaft com o seu mecânico abriram o armário e fizeram o inventário, eles, parecia, ficaram muito decepcionados e conversaram longamente em sua língua. Depois, o rabino inquiriu-me, mas eu, fingindo indignação, respondi que Leizer nunca me deixou ao menos ver aquele armário e sempre carregava a chave consigo. Na mesma carta eu respondi que os meus únicos parentes eram você, tio, a tia baronesa Fux e o meu irmão, que juntaram suas economias e me deram meios de subsistência. É verdade, comprei uma vila, mas não tenho nenhuma intenção de dar abrigo a Lia, aparentemente com a missão de vigiar-me – pois quero viver sozinha e tentar esquecer as desilusões e os episódios revoltantes do meu decepcionante matrimônio.

— Sim, você tem razão. Este caso ilustra bem a tenacidade dos judeus. Sangra-me o coração quando eu penso no futuro da Rússia, dilapidada e repleta de estrangeiros que a espezinham na lama, tentam desmembrá-la e destruir.

O príncipe levantou-se e começou a andar pelo terraço.

— O pior de tudo é que freqüentemente os próprios russos trabalham para destruir sua pátria. A sociedade parece bestificada, ensurdeceu, ficou cega e dança à beira do vulcão, prestes a engoli-la, ou estende as mãos para todo o tipo de aventureiros e até aos inimigos notórios, para que esses lhe ponham os grilhões.

De qualquer forma não estou acreditando que chegou o fim da Rússia, ainda que não veja – devo reconhecer – de onde possa vir a salvação. Só me pergunto: *o que* pode salvá-la?

— Milagre! Em todos os tempos a Santa Rússia foi salva por milagres – disse exaltada e convicta Nina. – Os nossos protetores invisíveis, esses mártires do povo, puros e poderosos, nos protegerão diante do trono do Eterno. Suas orações exaltadas despertarão a alma russa do sono secular e o povo hercúleo sacudirá os grilhões, justiçando-se de todas as patifarias sofridas e, com uma vassoura de ferro, varrerá todos os ímpios que se interpõem em seu caminho à genialidade e glória. Deus nos castiga agora para que tomemos juízo e nos livremos do torpor da indiferença. Segundo uma expressão do poeta:

Assim, a marreta pesada
quebra o vidro, mas malha a espada.

Você ainda não leu?

Cinco obras inéditas de Rochester! Uma série completa onde o mundo da magia, do sobrenatural e da espiritualidade é desvendado com o talento do grande escritor inglês e com a psicografia da médium russa Wera Krijanowskaia.

Leia nesta ordem:

O Elixir da Longa Vida

Os Magos

A Ira Divina

A Morte do Planeta

Os Legisladores

Leia também outro inconfundível romance de Rochester:

As Duas Esfinges
(psicografia de Wera Krijanowskaia)
No Egito Antigo, o jovem escultor Rameri conclui a criação de duas esfinges. A partir daí, o mistério que envolve as duas esculturas percorrerá diferentes épocas no tempo.

Não deixe de ler estas duas obras de sucesso do Espírito Irmão Virgílio *psicografadas pelo médium* Antonio Demarchi!

ALÉM DO INFINITO AZUL

CREPÚSCULO DE OUTONO

Leia estes Romances de sucesso do Espírito Antônio Carlos psicografados pela médium Vera Lúcia Marinzeck!

VÉU DO PASSADO
Kim, garoto conhecido como "o menino das adivinhações", tem a vidência aflorada. Uma cena o acompanha: a da sua própria morte. Na espiritualidade, seus poderes e mistérios serão revelados...

O ROCHEDO DOS AMANTES
Uma estranha história de amor acontece num lugar de nome singular: Rochedo dos Amantes. Intrigas, mistério e disputa de grupos desencarnados estão presentes nesta obra com um final surpreendente.

ROSANA, A TERCEIRA VÍTIMA FATAL
Suspense, morte e o reencontro de Rosana e Rafael, na espiritualidade, depois de uma série de crimes misteriosos ocorridos em uma pequena cidade do interior.

ESCRAVO BERNARDINO
História que retrata, com fidelidade, o período da escravidão no Brasil, contado pelos personagens que viveram, na carne, o domínio dos senhores de engenho.

Infantil

O PEDACINHO DO CÉU AZUL
(Espírito Rosângela)
Livro que fala das brincadeiras, pensamentos e sonhos da garota Liliam, uma menina cega cujo maior desejo era conhecer o azul do céu infinito.

Leia estas obras psicografadas pelo médium
Eurípedes Kühl!

ALMAS EM CHAMAS
(Espírito Josué) Romance
Uma montadora de veículos multinacional, a H&H, passa a sofrer o assédio de um grupo de espíritos desencarnados. Suspense, tensão e ternura reunidos em uma obra atualíssima própria do cotidiano capitalista vivido nas grandes empresas.

JOGO – MERGULHO NO VULCÃO
(Espírito Claudinei) Romance
Lazer, diversão, sorte, azar ou vício? Descubra as respostas lendo a trajetória de Élcio, jogador inveterado, e as conseqüências espirituais de sua viagem pelo mundo dos cassinos.

ESCRAVOS DO OURO
(Espírito Van der Goehen)
Conheça o período do ciclo do ouro no Brasil-colônia e as aventuras do português Severo Cantilhão em busca de fortuna e poder em terras brasileiras.